稼ぐ力を
取り戻す!

経営者のための
実践コーポレート
ガバナンス入門

Practical Corporate Governance for Executives

深澤寛晴

EY総合研究所 上席主任研究員

東洋経済新報社

はじめに

「なんでコーポレートガバナンスが成長戦略なのか、よく分からないんだよな」

２０１３年６月に安倍政権が「日本再興戦略―JAPAN is BACK―」を発表した際、そこに盛り込まれた「コーポレートガバナンス」の文字を見たときの知人の発言だ。彼は証券会社一筋で働いてきた、資本市場の大ベテランだった。当時も、そして今日においても、世間で同じような趣旨の発言を耳にすることは少なくない。しかし、コーポレートガバナンスの強化は資本市場が従前から要求を続け、ようやく政策として取り上げられたテーマであり、資本市場の視点からコーポレートガバナンスを含むさまざまなテーマに取り組んできた筆者にとって、「コーポレートガバナンスによる成長戦略」というロジックは極めて妥当なものに思えた。それだけに、資本市場の大ベテランですらこのような発言をする現実は、日本におけるコーポレートガバナンスだけでなく資本市場・企業経営に対する理解の乏しさを反映したものと思われ、少なからずショックであった（今思えば、この発言が本書を執筆する最初のきっかけだった）。

実際、何のためのコーポレートガバナンスか、それがどのように成長につながるのか、という問いに明確に答えるのは容易ではない。不祥事を未然に防ぐための「守りのガバナンス」であれば難しい話ではないが、コーポレートガバナンス・コードが強調するのは、「攻めのガバナンス」だ。翌14年6月に公表された「日本再興戦略 改訂2014―未来への挑戦―」は「経営者のマインドを変革し、グローバル水準のROEの達成等を一つの目安に、グローバル競争に打ち勝つ攻めの経営判断を後押しする」とし、また、コーポレートガバナンス・コードは、コーポレートガバナンスを「透明・公正かつ迅速・果断な意思決定を行うための仕組み」として、特に「迅速・果断」を強調しているが、いずれも明確とは言い難い。「攻めの経営判断」、あるいは「迅速・果断な意思決定」の代表例としてM&Aが挙げられるが、日本企業によるM&Aは従前から活発に行われており、数千億円単位で海外企業を買収するような大型案件も珍しくない。攻めの経営判断自体はすでに行われているにもかかわらず、グローバル競争力の低下、ROEの低迷が続いているのが現状なのである。

実は「迅速・果断な意思決定」を行うために求められるのが「透明・公正な意思決定を行うための仕組み」なのだが、そのことを明確に指摘する声はあまり聞かれないのが実際だ。また、一部には独立社外取締役が指名・報酬・監査といった権限を通じて経営者にプレッシャーをかけることがコーポレートガバナンスであるかのような論調も聞かれるが、これではコーポレートガバナンス嫌いの経営者を増やすことはあっても、コーポレートガバナンス強化を通じて経営を良くしようと思う経営者の参考にはならないだろう。本書が目指すのはコーポレートガバナンスの本質に迫り、その中から日本企業の経営者に対する示唆を得ることだ。日本企業の現状から欧米企業のベスト・プラクティス、最近改めて話題になっているROE経営、さらにはグループガバナンスについて深耕する。また、補論では、デフレを通じてマクロ経済との関係についても言及する。通説と異なる主張もあるかもしれないが、経営者や経営者を支える実務担当者のヒントになれば幸いである。

目次――経営者のための実践コーポレートガバナンス入門

はじめに 3

序章 なぜ「コーポレートガバナンス」なのか？……15

昔の日本は「ナンバーワン」だった 16
今の日本が目指すべきこと 16
なぜ、コーポレートガバナンス改革が稼ぐ力につながるのか 18
経営資源の再配分により新陳代謝を進める 20
本書の目的と構成 24

第1章 コーポレートガバナンスと日本企業の現状……27

1 コーポレートガバナンスとは何か 28

2 日本企業の意思決定――何が足りないのか？ 29
「果断な意思決定」は行われてきた 29
「透明・公正な意思決定」とは 31

3 透明・公正な意思決定の仕組み 33
執行と監督の分離 33
マネジメント・ボードとモニタリング・ボード 35

4 コーポレートガバナンス強化の動き 37
（独立）社外取締役の設置・増員を促す動き 37
独立社外取締役の設置・増員が進む 39
委員会型への移行進む 41
業種別の格差大きい 43
業種間の格差の背景 44

5 CGコードへの対応状況 45
取締役会評価：コーポレートガバナンス・コードの要求 46
主要企業の対応：モニタリング・ボードに対する意識が伺われる 48
役員報酬：コーポレートガバナンス・コードの要求 52
主要企業の対応：変動報酬が普及 53
指名・報酬委員会：コーポレートガバナンス・コードの要求 55

主要企業の対応：任意の設置広がる 56

6 コーポレートガバナンス強化の成果は？ 57
ROE向上との関係は見出せない 57
迅速・果断な意思決定は行われている 59

第2章 欧米企業のベスト・プラクティスと日本企業への示唆 63

1 なぜ欧米企業に学ぶべきか？ 64
対象企業 64

2 欧米企業の現状❶：監督と執行の分離 66
社内or社外ではなく、執行or非執行、独立or非独立 66
監督と執行の分離進む 68
取締役の資質（経歴）・多様性 70

3 欧米企業の現状❷：取締役会の活動 73
取締役会の開催回数は総じて少ない 73

取締役会の活動状況：GSK 73
取締役会の活動状況：バイエル 76
取締役会の活動状況：サノフィ 78
取締役会評価：GSK 80
取締役会評価：サノフィ 83

4 欧米企業の現状❸：委員会 85
委員会の概要 85
指名委員会と後継者計画 85
監査委員会とリスクの監視 88
その他の委員会 89

5 欧米企業の現状❹：役員報酬（CEO） 90
2015年の実績 90
GSKの役員報酬 90
報酬委員会の役割 93

6 欧米企業の現状：小括 94
取締役会の監督機能に求められるものとは 96

7 日本企業のコーポレートガバナンスはどうあるべきか？ 99
日本企業には監督機能が必要 99

（遠くない）将来にモニタリング・ボードへ 100
日本型のコーポレートガバナンスはモニタリング・ボードの枠内で追求 101
（参考）欧米企業の現状：個別編 103
（米）ファイザー 103
（英）GSK 105
（独）バイエル 108
（仏）サノフィ 110

第3章 「稼ぐ力」を取り戻すための適切なROE経営 115

1 「適切な」ROE経営が求められている 116
2 誰のためのROEか？ 120
株主利益のためのROE 120
経済を活性化させるためのROE 123
3 企業価値を高めるROE経営と高めないROE経営 126
コーポレートファイナンスの基礎知識 127

リスクを財務戦略に反映させる　128
最適な財務戦略が見出せない場合は？　130

4
なぜ、日本企業のROEは低いのか？　131
デュポン・システムによる分析　131
独自の手法による分析　134
なぜ、日本企業のROEは低いのか？　138
低ROEの悪循環　141

5
適切なROE経営＝企業価値を高める経営　143
企業価値とは？　企業価値最大化のための経営とは？　144
適切なROE経営とは？　145

6
日本企業に求められるもの　146
財務活動と経営資源の配分に対する意識を高める　147
リスク・外部環境に対する意識を高める　150
時間軸に対する意識を高める　151
コーポレートガバナンスと適切なROE経営は車の両輪　153
（参考）ROEに類似した指標　155

第4章 日本型コーポレートガバナンスに向けて……159

1 日本企業特有の事情とは 160

2 日本型の取締役会・経営者 163

日本型のモニタリング・ボードへ 164

経営者による自発的なPDCAが第一 166

指名：プランに基づいた後継者の要件 168

報酬：経営者の本気度を示す 169

3 日本型のグループガバナンス 171

監督機能の連鎖によるグループガバナンス 172

監督機能の連鎖とROE経営のための経営管理 175

4 日本型の従業員 178

プロフェッショナルとしての意識とコミットメント 178

「仕方がない」では済まされない 180

日本的雇用との関係 182

働き方改革との関係 184

5 ナンバーワンと称された時代の輝きを取り戻すために 185

第5章 対談――エーザイ株式会社・柳良平常務執行役CFO …… 189
低ROEの理由とは 190
雇用の確保と新陳代謝の両立 195
株主の声を聞く 199
ROE経営とコーポレートガバナンス 201
ROE経営を社内に浸透させるには 204
モニタリング・ボードへ 207
従業員にもプロフェッショナルの意識が求められる 211

第6章 （補論）コーポレートガバナンスによるデフレからの脱却 …… 215
異次元の金融緩和も本格的なデフレ脱却には至らず 216
デフレ脱却のカギはコーポレートガバナンスが握る 217
経済理論の通説の前提条件が満たされていない 221
新陳代謝は本当に遅れているのか？ 222

おわりに 227
参考文献 231

本書は一般的な参考情報の提供のみを目的に作成されており、会計、税務及びその他の専門的なアドバイスを行うものではありません。意見にわたる部分は個人的見解です。ＥＹ総合研究所株式会社及び他のＥＹメンバーファームは、皆様が本書を利用したことにより被ったいかなる損害についても、一切の責任を負いません。具体的なアドバイスが必要な場合は、個別に専門家にご相談ください。

序章

なぜ「コーポレートガバナンス」なのか？

昔の日本は「ナンバーワン」だった

約40年前、日本は世界で「ナンバーワン」だった。1979年に発表された『ジャパンアズ ナンバーワン』[1]において、当時ハーバード大学東アジア研究所長だった著者エズラ・F・ヴォーゲル氏は「日本は世界で最も強力な工業力を有している」と述べ、「アメリカの最良の鏡」として日本から学ぶことを提案している。同書が指摘する通り、当時の日本企業は自動車、造船、鉄鋼等幅広い分野で高い競争力を有し、欧米企業を圧倒していた。欧米（特に米国）では日本脅威論からジャパン・バッシングが行われるほど、当時の日本は強かった。

しかし、90年代に入ると状況は一変する。バブル崩壊を契機に「失われた20年」とも呼ばれる長い低迷期に突入し、欧米企業だけでなく、急速に台頭する中国をはじめとする新興国の企業との競争でも日本企業が苦境に立つケースが目立つ。今日では、「ナンバーワン」とされた時代の輝きはほぼ失われたと言わざるを得ないのが現実だ。

今の日本が目指すべきこと

「ナンバーワン」と称された当時と今日では何が違うのだろうか。ヒントは、前掲書が指摘する「コンセンサスの実現に向かっての強い圧力」にある。当時の日本は、戦後復興から冷戦構造の下で欧米に対するキャッチアップというコンセンサスの実現に邁進する一方で、多様な意見を取り込むことには消極的だった。同書は、この圧力を日本人が成功するために払った対価とし、コンセンサスと異なる意見を持つ人が犠牲にされたことを指摘している。しかし、欧米に対するキャッチアップの完了や冷戦構造の崩壊を経て、中国をはじめとする新興国の台頭やIT技術の急速な発達による産業構造の変化といった大きな環境変化が続く今日、求められるものは画一的なコンセンサスの実現に向けて企業の経営者や従業員に圧力をかけることから、多様な意見を活かすことへとシフトしている。

このような環境変化に合わせ、求められるのが金融システムの転換だ。「ナンバーワン」と称された当時は資金をコンセンサスにしたがって重要とされる産業に効率的に供給するため、銀行を中心とする間接金融が中心的な役割を担っていた。しかし、多様な事業機会に対して資金供給を行うためには、銀行と企業のようなクローズな関係ではなく、よりオープンな関係の方が適している。また、コンセンサスにしたがって資金を供給する分にはリスクを考慮する必要性は低いが、多様性に対する資金の供給には一定のリスクテイクは

（1）エズラ・F・ヴォーゲル著、広中和歌子・木本彰子訳（1979）『ジャパン アズ ナンバーワン アメリカへの教訓』（TBSブリタニカ）

避け難い。コンセンサスから多様性へのシフトに伴い、クローズな関係によってリスクテイクの限定的な資金を供給する間接金融中心の金融システムから、オープンな関係によって積極的にリスクテイクするための資金を供給する株式市場を中心とした金融システムに転換することが求められている。

株式市場を通じて多様性を活かす点で、日本に比べ欧米に一日の長があることは否めない。特に株式市場が要求するコーポレートガバナンスやROE経営について、欧米企業との差は大きい。当時の輝きを取り戻すためには、当時のアメリカが日本から学んだように、今日の日本も欧米から学び、新たな日本型の確立を目指すことが求められている。

なぜ、コーポレートガバナンス改革が稼ぐ力につながるのか

2013年6月に安倍政権は「日本再興戦略―JAPAN is BACK―」(以下、日本再興戦略2013)を発表した。そこには「株主等が企業経営者の前向きな取組を積極的に後押しするようコーポレートガバナンスを見直し、日本企業を国際競争に勝てる体質に変革する」との記載が見られ、コーポレートガバナンス改革として注目を集めた。さらに翌年公表された「日本再興戦略 改訂2014―未来への挑戦―」(以下、日本再興戦略 2014)では、「日本の『稼ぐ力』を取り戻す」ために「コーポレートガバナンスの強化によって経営者の

マインドを変革し、グローバル水準のＲＯＥの達成等を一つの目安に、グローバル競争に打ち勝つ攻めの経営判断を後押しする仕組みを強化していくことが重要」としている。「日本企業の稼ぐ力を取り戻す」ことを「ナンバーワンと称された時代の輝きを取り戻す」ことと置き換えれば、前項末で述べたことが日本再興戦略に沿った内容であることは容易に理解できるだろう。しかし、日本ではコーポレートガバナンスとは企業における不祥事を防止するための仕組み、としての理解が長きにわたって浸透していることもあり、それがなぜ企業の稼ぐ力を取り戻す戦略になるのか理解できない、といった疑問の声が多く聞かれた。

この疑問に対する回答は、「日本再興戦略　２０１３」の全体の構成から読み取ることができる。ここで提示されている３つのアクションプランのうち、最初に登場するのが日本産業再興プランであり、その中で最初に登場するのが「緊急構造改革プログラム（産業の新陳代謝の促進）」だ。ここで示される５つの項目のうち、４番目が事業再編・事業組替の促進であり、コーポレートガバナンスの強化はこの中の１つだ。整理すると、問題意識の根幹には産業の新陳代謝の遅れがあり、その対応策として事業再編・事業組替の促進が挙げられ、さらにその手段としてコーポレートガバナンスの強化、といった位置付けになる。

さらに「日本再興戦略　２０１３」には、事業再編・事業組替の促進に関して『攻め』

の企業経営に向けた経営者の思い切った判断をこれまで以上に強力に促すため、株主等のステークホルダーからの経営改善の働きかけを呼び込む仕組みを導入」といった記述が見られる。これより、株主（特に機関投資家）が建設的な対話を通じて企業・経営者に働きかけを行い、株主に対して受託者責任を負う独立社外取締役がコーポレートガバナンス・コードに基づいてそれを後押しする、という構図が想定されていることが分かる。これらを踏まえると、上述の疑問に対する回答は「コーポレートガバナンスの強化によって株主・投資家の意見が企業経営に反映されやすくなり、事業再編・事業組替が促進されて新陳代謝が進むことで企業の国際競争力や稼ぐ力を高めることが期待される」ということになる。

経営資源の再配分により新陳代謝を進める

「日本再興戦略　２０１３」が指摘する新陳代謝の遅れについてもう少し考えてみよう（新陳代謝の遅れの詳細については第6章・補論も参照）。新陳代謝とは「新しいものが古いものと次第に入れ替わること」であるから、新陳代謝が促進された状態としては、古い企業が優勝劣敗の競争を繰り広げる中で敗者は脱落していく、その一方で新しい企業が次々と誕生して競争をさらに激化させる、といった状態が想起される。これを今日の日本企業に当てはめてみよう。優勝劣敗の激しい競争が行われているのは明らかだが、問題はその後だ。

敗者、すなわち競争で劣後する企業が脱落することなく相当期間にわたって競争を続けるため、過当競争に陥り安売り合戦に発展するケースが珍しくない。

典型例として挙げられるのが、2012年の経済白書（年次経済財政報告書）[2]において価格下落率の高い品目として指摘されたテレビだ。特に薄型テレビについては従前より多くの大手家電メーカーが参入し、過当競争による価格の下落が指摘されていた（例えば、永井〈2006〉[3]）。技術進歩や大量生産による費用削減や11年3月末の家電エコポイントの終了も価格下落の要因であることは否定しない。しかし、費用削減が主たる要因であればメーカーの利益率は高水準にあってしかるべきだが、家電エコポイント以前から利益率は低迷を続けていたのが実際だ。最近数年間では再編の動きが見られるが、その前は価格下落・低利益率が続いていたにもかかわらず、メーカーの数が減ることはなかった。敗者が脱落するという新陳代謝が機能しなかったために過当競争に陥ったことが、価格下落の背景にあると考えるのが自然だろう。

（2）内閣府（2012）「平成24年度　年次経済財政報告――日本経済の復興から発展的創造へ――」より。ただし、ここでは薄型テレビに限定することなく、テレビの価格下落として指摘している。
（3）永井知美（2006）「薄型テレビ市場の現状と展望――急拡大する市場、とまらぬ価格下落――」（東レ経営研究所『経営センサー』2006年10月号

図表序–1　日本と欧米：過当競争と価格設定

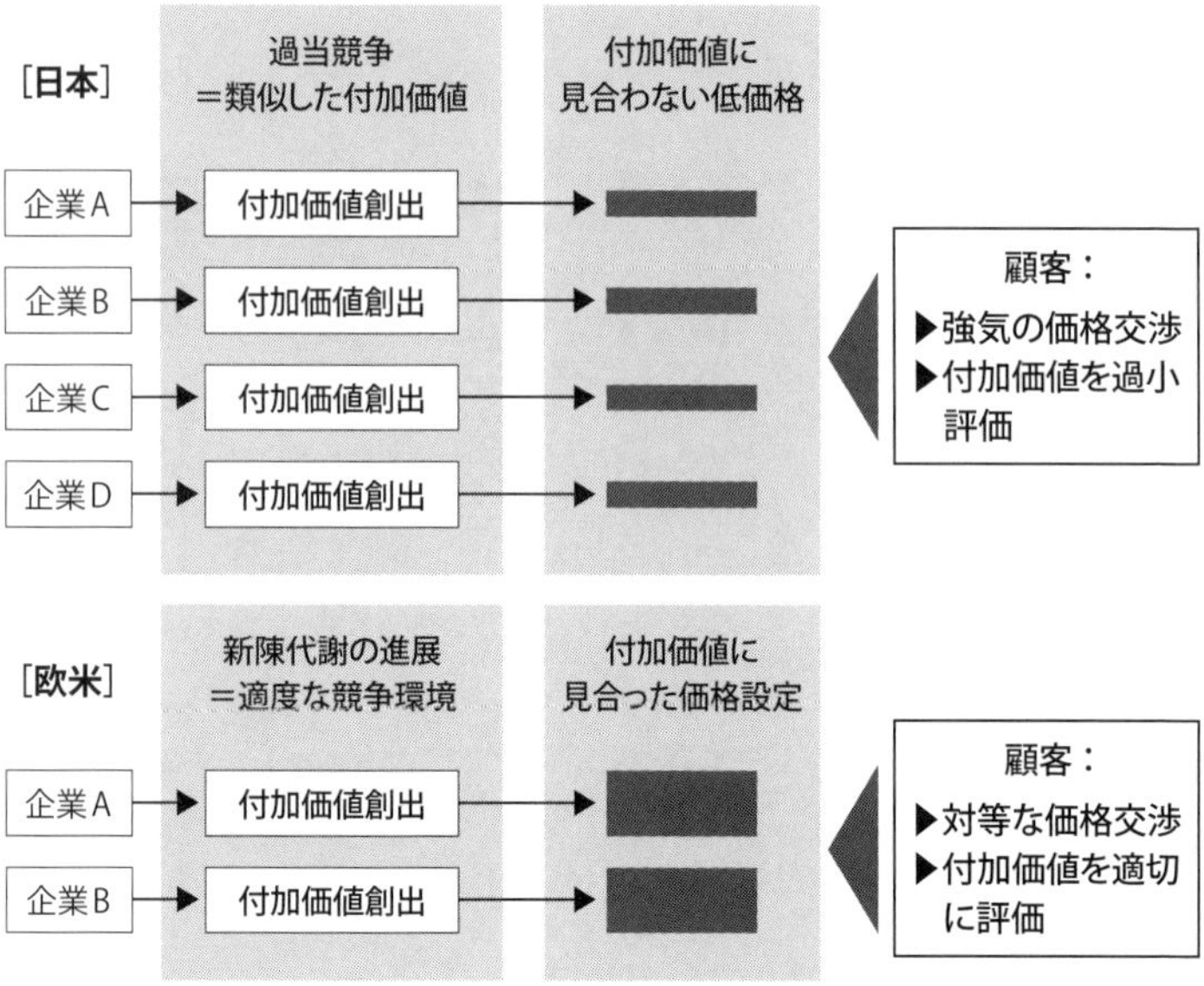

（出典）EY総合研究所作成

程度の差こそあれ、同様の傾向はテレビに限ったことではない。日本企業は既存事業からの撤退を躊躇《ちゅうちょ》する傾向が強いうえ、金融緩和が長期化する中でメインバンクの影響力が減退しており、債権者によるガバナンス（デットガバナンス）が経営者に撤退の決断を促すことも困難になっているためだ。実際、欧米に比べると日本には古くて小さい上場企業が多い（後掲の図表6－3、6－4参照）が、これも新陳代謝が機能していないことの証左と言える。このような、新陳代謝の遅れを背景とした過当競争、さらにはそれによる価格の下落を図示したのが図表序－1だ。

日本企業の多くが競争に勝ち抜くため

に商品の高付加価値化に取り組んでいるが、同図表が示す通り競合他社が類似した高付加価値品を投入して追随するため、持続的な差別化は容易ではない。顧客から見れば複数の企業が類似した商品を売り込んでくるので、それが如何に高付加価値であろうと価格交渉では自ずと強気になる（消費者の立場で家電量販店に行き、多くのメーカーが生産した薄型テレビを前にして、店員と価格交渉をする場面を思い浮かべると分かりやすい）。結果として付加価値の高い商品であるにもかかわらず、それに見合わない低い価格で販売されるケースが多くなる。利益が圧迫されるため、企業成長に必要な投資資金の捻出も困難になる。高付加価値化という企業努力が稼ぐ力や成長につながらない閉塞感の根源にあるのが図表序−1の構図だ（同図表はデフレというマクロ経済レベルの課題にも深く関わっていると考えられるが、この点については第6章・補論で解説する）。

新陳代謝を進めることとは、このような閉塞感を打破し、企業努力が稼ぐ力や成長につながるという正常な状態を回復することに他ならない。日本企業（の経営者）に求められるのは、どの事業で勝負するのかを明確化し、勝負する事業に経営資源を集中的に投入する一方で、そうでない事業については経営資源の投入を控えつつ再編・組替を進めること、すなわち経営資源の再配分だ。上述の通りデットガバナンスの機能が大きく減退する中、株主の立場からのコーポレートガバナンスが経営資源の再配分による事業再編・事業組替を促し、新陳代謝が進むことが期待されている。「日本再興戦略 2013」があえて「新陳代謝」という言葉を使っているのは、このような経営資源の再配分を怠る企業は、個々の事業にとどまらず、企業自体が競争から脱落することもあり得る、という危機感を反映していると解することもできよう。従前、日本企業の株主構成の主役は持ち合いに代表される政策保有であり、株主の影響力は極めて限定的であった。しかし、持ち合い解消が進んだ今日、株主の立場からのコーポレートガバナンスが機能する環境は整っていると言える。

本書の目的と構成

実際には、上述のような政策的な意図を的確に理解し、「なぜ、コーポレートガバナンス改革が稼ぐ力につながるのか」といった疑問に対する明確な回答を持ったうえで、その強化に取り組んでいる経営者（あるいは経営者を支える実務担当者）は多くはないのではないだろうか。目的意識が不明確なまま、「やらされ仕事」として対応したに過ぎない部分が大なり小なりある、というのが本音ではないだろうか。スチュワードシップ・コードを受け入れた機関投資家との対話を経て、継続的な取り組みが要求されるが、このままでは「やらされ仕事」が増える結果に終始しかねない。

本書の目的は、日本企業の稼ぐ力を取り戻す（つまり、日本がナンバーワンと称された時代の輝きを取り戻す）という目的意識により、コーポレートガバナンスの本質とその中で企業に求められる取り組みを明らかにすることで、企業の経営者や実務担当者に対するヒントとすることだ。本章に続き、第1章では、コーポレートガバナンスについて日本企業の現状を含めて解説する。第2章では欧米企業のベスト・プラクティスを紹介し、日本企業に対する示唆を得る。第3章では企業の稼ぐ力に目を転じる。稼ぐ力を測る指標として「日本再興戦略　2014」が掲げる自己資本利益率（ROE）に注目し、適切なROE経営が第1・2章で述べるコーポレートガバナンスの強化に求められる取り組みと車の両輪の関係にあることを示す。第4章では、前章までの議論を踏まえて日本型コーポレートガバナンスについて論じる。第5章では、対談を通じて実務に携わる有識者の声を示す。本書ではエビデンスを示すことで机上の空論に陥らないように配慮しているが、これを以ってさらなる補強とする。第6章は、補論としてコーポレートガバナンスとデフレとの関係について論じる。前項で述べた新陳代謝の遅れはデフレとの間で悪循環に陥っているが、その関係が見過ごされることが多いためだ。

何のためのコーポレートガバナンスなのか、判然としないまま「やらされ仕事」に追われている経営者・実務者が、その意義についてイメージを固める一助になれば幸いである。

なお、本題に入る前に、本書のアプローチについて確認しておきたい。本書の目的はヒントを示すことであって、正解を示すものではない。コーポレートガバナンスにしてもROE経営にしても、実際に求められる取り組みは個々の企業の事情によって大きく異なる。コーポレートガバナンス・コードが原則主義を採用しているのもそのためだ。本書から得たヒントを基に、各社なりの正解を導き出して欲しい。

第1章

コーポレートガバナンスと日本企業の現状

1 コーポレートガバナンスとは何か

コーポレートガバナンスの意味について、株式会社の基本的なシステムに立ち返って考えてみよう。株主は資金を拠出して株式会社を設立すると経営に関する権限を経営者に委譲し、拠出した資金に見合った利益を得ることを期待する。しかし、企業経営には外部環境をはじめ不確実な要素が多く、どんなに優秀な経営者でも株主に対して期待通りの利益をもたらすことを保証はできない。そのため、経営者は事前に株主に対して経営における戦略等を提示し理解を得たうえで、事後的には得た利益の一部を株主に還元するだけでなく、経営の状況について報告することが求められる。株主はこれらを踏まえて経営陣を評価し、その指名（選解任）や報酬に反映させる。実際には、特に上場会社の場合には株主が不特定多数のため、このような一連のプロセスを株主が直接行うのは現実的ではない。そこで株主は取締役を選任し、このプロセスの多くを取締役（会）に任せる。これが株式会社の基本的なシステムだ。

この一連のプロセスの要諦は、経営者に対する権限の委譲と、経営者による戦略の提示や報告といった説明責任の2つにある。コーポレートガバナンス・コードは、コーポレートガバナンスについて「透明・公正かつ迅速・果断な意思決定を行うための仕組み」と定義している。これを株式会社のシステムに当てはめると、権限の委譲によって経営者は「迅速・果断」な意思決定を行うことが可能になり、かつそれを「透明・公正」に行うことによって説明責任を果たすことが可能になる、ということになろう。

2 日本企業の意思決定——何が足りないのか？

では、従前の日本企業の意思決定はどうだったのだろう。コーポレートガバナンス・コードは「攻めのガバナンス」を強調しており、迅速・果断な意思決定を促す方に重きを置いているように読めるが、本当に迅速・果断な意思決定は行われなかったのか、逆に透明・公正な意思決定はできていただろうか。

「果断な意思決定」は行われてきた

果断な意思決定が求められる背景には、日本企業のリスクテイクが足りない、との認識があると考えられるが、これは必ずしも事実ではない。企業が設備投資やM&A投資を通じてリスクテイクし、これが裏目に出た場合には決算で減損損失や有形固定資産の処分損・

評価損（以下、減損等）が計上される。実際の決算数値を見ると、日本企業が巨額の減損等を計上するケースは珍しくない。

実際、東証一部上場企業1733社[4]が過去3年間に計上した減損等は累計で6・3兆円に達するが、これは2015年度の営業利益（合計28・1兆円）の22％に相当する金額だ。個別企業レベルでは、これらの損失が営業利益を上回る企業が101社に達している。これは最近に始まったことではない。三品（2010）[5]は1960年から2006年3月期までの4万3237にのぼる決算データから、日本企業が営業利益を上回る巨額の特別損失を計上したケースが5030件に達したことを明らかにしている。従前から日本企業は金額的には大きなリスクをテイクしてきた、その意味で日本企業は果断な意思決定を行ってきたのである。にもかかわらず、ROEの長期低迷（後掲の図表3－1参照）が示す通り、日本企業はリスクテイクに見合ったリターンを生み出していない。問題は単純なリスクテイクの不足ではなく、テイクするリスクの選択にある。これは、「迅速・果断」な意思決定が行われていなかったのではなく、「公正・透明」な意思決定が行われなかった可能性を示唆している。

「透明・公正な意思決定」とは

本章1で述べた通り、透明・公正な意思決定とは、説明責任を果たせるような意思決定と言い換えることができる。説明責任については、辻褄の合った説明ができれば良い、といったレベルで捉えられがちだが、それでは外部（特に株主）を納得させる説明にはならない。求められるのは意思決定の時点で最善を尽くしたことを客観的に示せるようにしておくことだ。意思決定が「最善」であるということは、目的に照らして他により良い選択肢がない、ということに他ならない。それを客観的に示せるようにするためには、①外部環境の変化を含めた客観的な現状分析とそれに基づく目的の明確化、②目的を達成するための取り組みについて考え得る選択肢の列挙、③各選択肢のリスクとリターンの精査とそれに基づいた合理的な選択といった一連のプロセスを踏むこと、④さらにはこれを社内の経営者の暗黙の了解や根回しではなく、正式な会議体における議論を通じて行う必要がある。このような意思決定を行うことは、外部への説明責任だけでなく、テイクするべきリスクとそうでないリスクを見極めることにもつながる。全てのリスクテイクが想定通りの成果をもた

（4）金融や過去3年間で決算期を変更した企業、国際財務報告基準（IFRS）や米国の会計基準（US GAAP）採用企業を除く。
（5）三品和弘（2010）『戦略暴走』（東洋経済新報社）

らすとは限らないが、同じ失敗を繰り返すことはなくなるだろう。そうすればROEが長期にわたって低迷することも回避できるはずだ。

しかし、日本企業では公正・透明な議論よりも社内の暗黙の了解や根回しを通じた意思決定が優先される傾向は否めない。最近では、元・経営トップが顧問や相談役等の肩書で影響を及ぼす、あるいは部下が上司の意向を忖度《そんたく》して判断する等、公正・透明とは言い難い意思決定に対する批判も聞かれる。高度経済成長期のように経済全体のパイが拡大し、かつ変化が緩やかな環境では、ボトムアップによる意思決定が求められる機会が多く、暗黙の了解や根回しによる意思決定が上手く機能していたと考えられる。

しかし、経済成長が鈍化し、環境変化が激しくなった今日では、経営全体に関わるトップダウンの意思決定が求められる機会が増えている。暗黙の了解や根回しに依存した意思決定では、序章で指摘した新陳代謝の遅れのような外部環境を含む現状分析は敬遠されがちだ。事業からの撤退や事業の売却を含む経営資源の再配分のような抜本的な課題は社内の了解を得るのが困難なために先送りにされ、既存事業の改善のような社内で反対の出にくい対応策が優先されがちになる。抜本的な課題を放置し続けるために選択肢が狭まり、リターンの見合わないリスクテイクを含んだ選択肢を採用せざるを得なくなる。さらには意思決定のプロセスが不透明なため、想定した成果が得られなくても改善を図ることができず、同じ失敗を繰り返す。上述の減損等の中には、こんなケースが少なくないのではないだろうか。

こう考えると、金額的には十分に果断なリスクテイクが減損等につながるケースが見られる一方で、経営資源の再配分を進めるといった本来行うべきリスクテイクが行われず、リスクに見合ったリターンが得られていない現状も合点がいく。コーポレートガバナンスを強化すること、すなわち透明・公正な意思決定を行う仕組みを確立することで、経営資源の再配分を含む、本来行うべきリスクテイクを「迅速・果断」に進めることが可能になると言えよう。

3 透明・公正な意思決定の仕組み

執行と監督の分離

透明・公正な意思決定、すなわち説明責任を果たせるような意思決定を行うためには、説明をする側と受ける側が必要となる。当然、前者を担うのは経営者だ。後者を担うのは本来的には株主だが、上場企業の場合には不特定多数の株主に対して説明責任を果たすには限界がある。経営上、公開できない情報がある点も説明責任を果たすうえでは制約となろう。そこで登場するのが取締役会だ。株主によって選ばれた取締役が取締役会において経営者に対して説明責任（を果たせるような意思決定）を促し、これに基づいて経営者を評価し、指名（選解任）や報酬に反映させる。十分な説明責任を果たそうとしない経営者に対しては、指名・報酬・監査を以ってそれを促す。これが取締役会による監督機能ということになる（監督機能については第2章6参照）。このように、公正・透明な意思決定の仕組みとは、業務の執行機能を担う経営者と監督機能を担う取締役会によって実現され、両者を分離するほど公正性・透明性は高まる。

伝統的な日本企業では経営者＝取締役（執行取締役）であり、経営者は経営（業務執行）を担うと同時に取締役会のメンバーとして監督を担っていた。ここでは、取締役会で議案を説明するのも、その説明を受けて承認するのも経営者だ。しかも欧米企業と異なり、日本企業の経営者はいわゆる「生え抜き」が多いため、説明責任を果たす前に暗黙の了解で伝わってしまう部分が少なくない。執行機能と監督機能が分離されないため、説明責任が不十分になりがちな体制と言える。

そこで、企業及び経営者から独立した社外取締役（独立社外取締役）を設置・増員することで執行機能と監督機能の分離を進める、あるいは分離しないまでも、経営者から独立した視点を持ち込むことで取締役会による監督機能を強化しようというのがコーポレートガバナンス・コードを含む近年の流れだ。同コードは独立社外取締役について2名及び3分の1以上という水準を示しているが、2名は分離しないことを想定した水準、3分の1は一定の範囲で分離を進めることを想定した水準と位置付けられる。なお、欧米企業のベスト・プラクティスでは取締役の大半は独立取締役（欧米では「社外」取締役という概念は一般的でない）であり、執行機能と監督機能の分離は進んでいる（詳細は第2章[2]参照）。

マネジメント・ボードとモニタリング・ボード

このようなトレンドを踏まえ、今日では取締役会のあり方を見直す動きが出始めている。一般的には、取締役会は主たる機能によって、以下の3つのタイプに分けられる。

①マネジメント・ボード：主に業務執行の決定を担う
②モニタリング・ボード：主に業務執行の監督を担う
③アドバイザリー・ボード：主に業務執行に対する助言を担う

①「マネジメント・ボード」は執行機能と監督機能を分離しない、伝統的な日本企業の取締役会だ。会社法によると、日本企業の大半を占める監査役会設置会社では、業務執行の重要な決定は取締役会で行わなくてはならないため、この規定に忠実なタイプということ

ができる。

一方で、執行機能と監督機能の分離を前提としているのが②「モニタリング・ボード」だ。取締役会のメンバー構成は独立社外取締役が中心で、現場の業務執行にかかわる意思決定は経営者に委譲し、取締役会は専ら監督機能に徹する。伝統的な日本企業の取締役会とは大きく異なる体制だが、日本企業でもコーポレートガバナンスに積極的な姿勢を見せる企業の中には、②への移行を検討する動きが見られるようになってきている（具体的な動きは本章5参照）。

また、②「モニタリング・ボード」と同様に独立社外取締役の役割を重視するが、監督だけでなく助言を重視する体制を③「アドバイザリー・ボード」と呼ぶこともある。コーポレートガバナンス・コードは原則4-7において、独立社外取締役の役割・責務を助言と監督というキーワードで説明しているが、②と③の違いは、独立社外取締役の助言にどこまで重点を置くかによる違いと考えるべきだろう。

4 コーポレートガバナンス強化の動き

(独立)社外取締役の設置・増員を促す動き

日本の主要企業(TOPIX500構成銘柄)を対象に、コーポレートガバナンス強化に向けた動きを見てみよう。近年、(独立)社外取締役の設置・増員を促すさまざまな動きがあったが、主なものをまとめると以下の通りだ(監査役会設置会社を想定)。

①2013年2月議決権行使助言機関であるISS(Institutional Shareholder Services Inc.)が議決権行使助言基準を改定。社外取締役(独立性は求めない)を設置しない企業について、経営トップの選任議案に反対推奨を行う方針を採用

②2014年2月東京証券取引所が有価証券上場規程を改正。独立役員である社外取締役1名以上の確保を努力義務化

③2015年5月会社法改正。社外取締役を設置しない企業について、「社外取締役を置くことが相当でない理由」の説明を義務化。同時に監査等委員会設置会社制度を導入

④2015年6月コーポレートガバナンス・コード適用開始。独立社外取締役2名以上

図表1-1　取締役の平均人数の推移

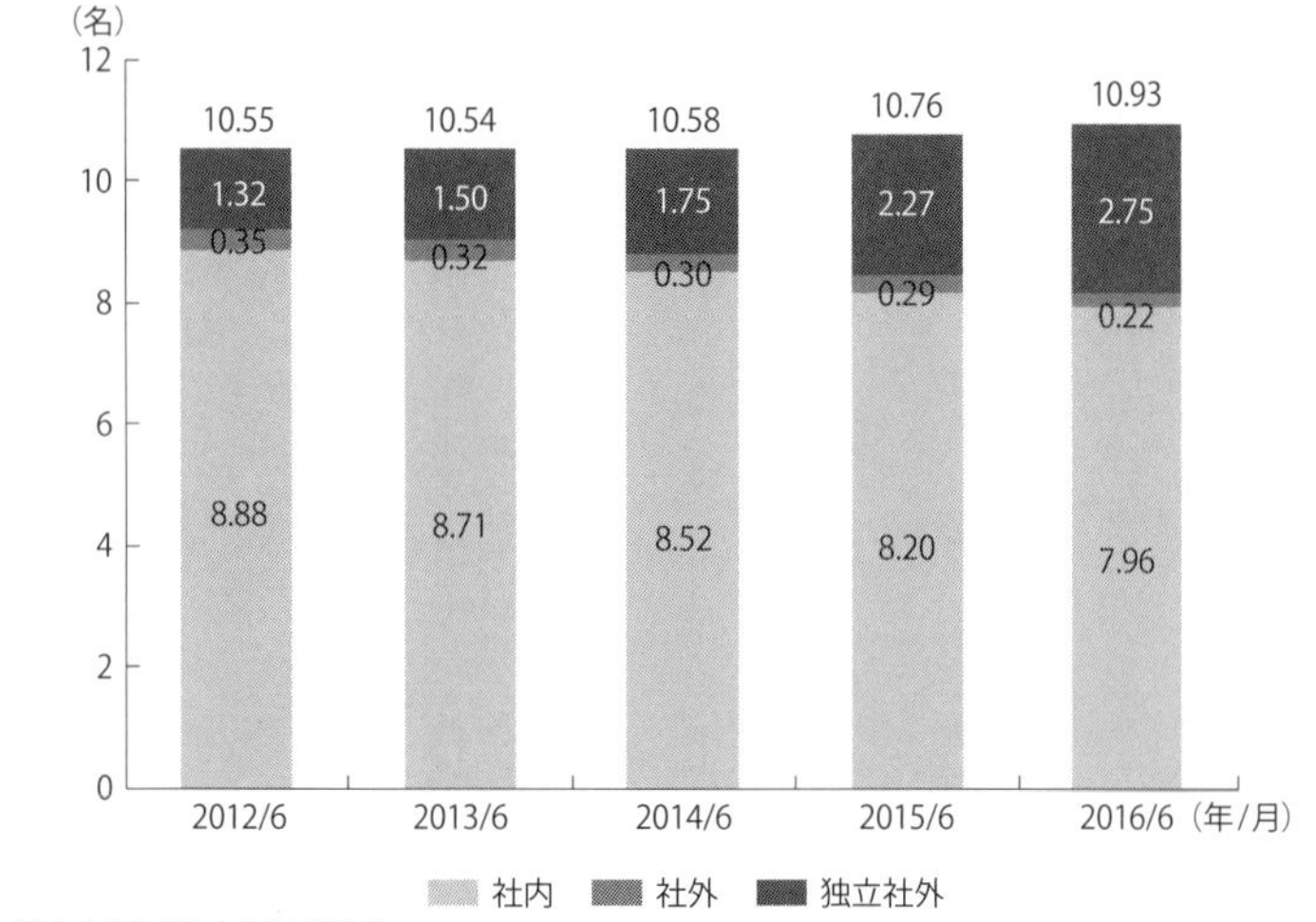

(注) 社外は独立社外を除く
(出典) 日経バリューサーチよりEY総合研究所作成
(対象) TOPIX500構成銘柄（必要なデータを取得できない企業を除く）477社

を要求（自主的な判断により3分の1以上）
⑤２０１６年２月ＩＳＳが議決権行使助言基準を改定。社外取締役（独立性は求めない）を２名以上設置しない企業について、経営トップの選任議案に反対推奨を行う方針を採用

①③⑤は社外取締役、②④は独立社外取締役の設置・増員を促す動きだ。②が努力義務にとどまったこともあって、従前は社外取締役の設置・増員が注目される傾向があったが、④コーポレートガバナンス・コード以降は専ら独立社外取締役が注目されるようになっている。

独立社外取締役の設置・増員が進む

これら一連の動きは、主要企業における取締役の状況に如実に表れている（図表1－1）。2012年6月[6]には社内取締役8・88名に対して社外取締役は1・67名、うち独立社外取締役は1・32名にとどまっていた。以降、独立社外取締役は緩やかに増加、会社法改正やコーポレートガバナンス・コード適用開始を受けた15年6月にはそのペースが加速し、直近（16年6月）では社内取締役7・96名に対して社外取締役2・98名、うち2・75名が独立社外取締役[7]という水準まで増加している。また、独立していない（独立役員でない）社外取締役は12年6月から15年6月までの3年間で0・06名の減少だったが、その後の1年間で0・07名と減少幅が拡大している。上述の通り、コーポレートガバナンス・コードを受けてフォーカスが社外取締役から独立社外取締役へと移ったことを反映していると考えられる。

次に、独立社外取締役の人数別に見てみよう（図表1－2）。12年6月には主要企業（一部を除く。図表1－2の対象参照）477社中、189社（40％）で独立社外取締役を非設置、コーポレートガバナンス・コードが求める2名以上という水準を満たさない企業は同

（6）3月決算の企業を想定し、株主総会が開催される月で記載している。以下、同様。
（7）本書では独立役員である社外取締役を以って独立社外取締役とする。

図表1-2　独立社外取締役の設置・増員の状況

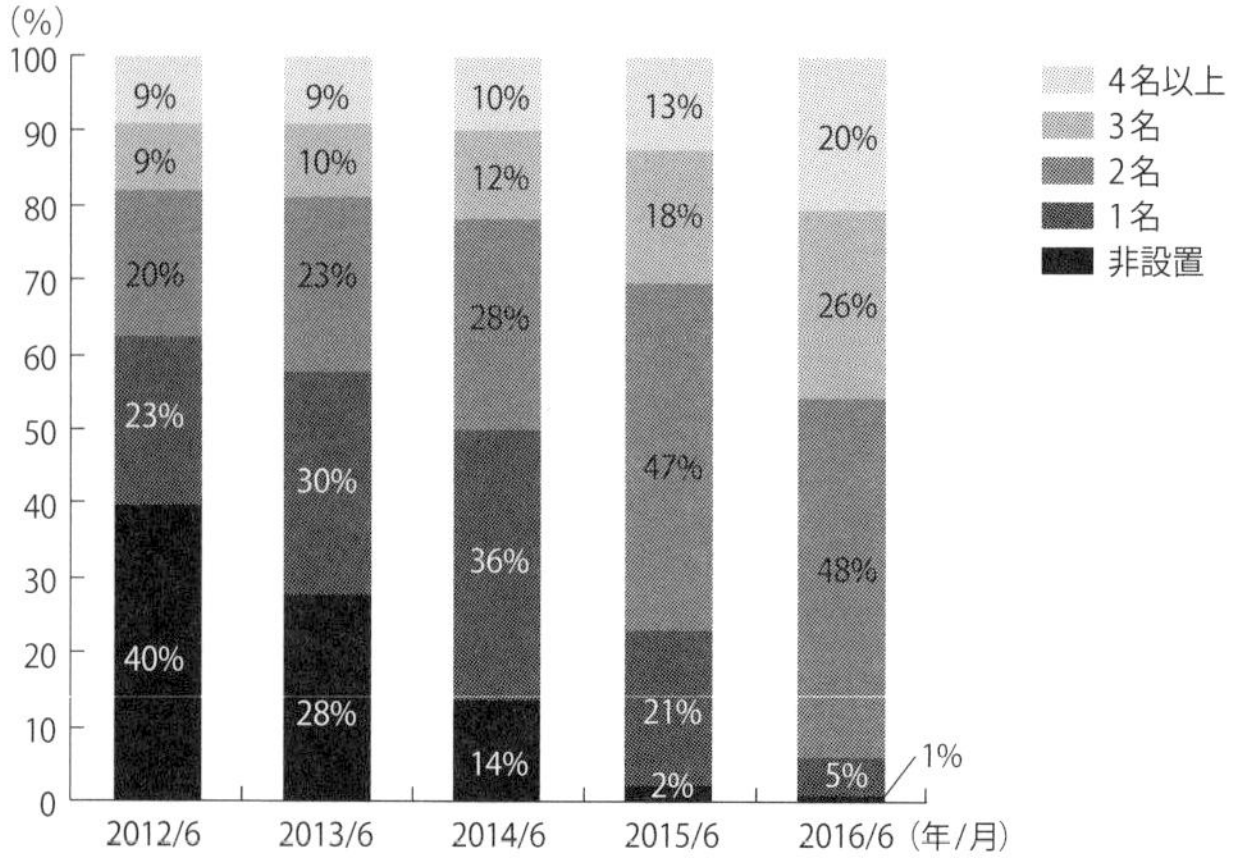

（出典）日経バリューサーチよりEY総合研究所作成
（対象）TOPIX500構成銘柄（必要なデータを取得できない企業を除く）477社

297社（62％）に達していたが、直近では同29社（6％）にまで減っている。特に注目すべきは3名以上、すなわち同コードが求める最低水準を超える人数となっている企業だ。12年6月は同86社（18％）、14年6月でも同103社（22％）にとどまっていたが、15年6月には同144社（30％）、直近では同219社（46％）へと急増している。3分の1以上の企業についても、14年6月の同69社（14％）から、直近の同146社（31％）へと大きく増加している。

同コードをめぐっては、要求する最低限の水準をギリギリで満たせば十分、という「やらされ仕事」で対応する企業が多いのではないか、と懸念する声も聞かれた。しかし、このような動きを見ると、同コードへの対応を機に自主的なコーポレートガバナンス強化の取り組みに着手する企業が少なくないことが分かる。

委員会型への移行進む

次に注目するのは、会社法上の形態だ。2014年6月までは監査役会設置会社95％に対し、指名委員会等設置会社（当時は委員会設置会社）は5％にとどまる状態が続いていた（対象は図表1－1、1－2と同様）。指名委員会等設置会社は欧米型（特に米国型）を目指して導入されたが、主要企業の間ですら普及が進まない状態にあったと言える。しかし、15年5月に会社法改正により監査等委員会設置会社制度が導入され、翌6月にコーポレートガバナンス・コードの適用が開始されると様相は一変する。監査等委員会設置会社に移行する企業が相次ぎ、初年度で18社（4％）、2年目には64社（13％）と10年以上の歴史を持つ指名委員会等設置会社の31社（6％）を大きく上回るに至っている。一方で、指名委員会等設置会社についても14年6月の26社に比べれば増加している点も指摘しておく必要があるだろう。直近において、両者を併せた「委員会型」に移行した企業は、併せて95社（20％）に達しており、軽視し難い存在になっていると言える。

なお、監査等委員会設置会社については、移行前の社外監査役を監査等委員である社外取締役に「横滑り」させることで、新たに社外役員を招聘することなく社外取締役の人数を増

図表1-3　独立社外取締役の人数（業種別）

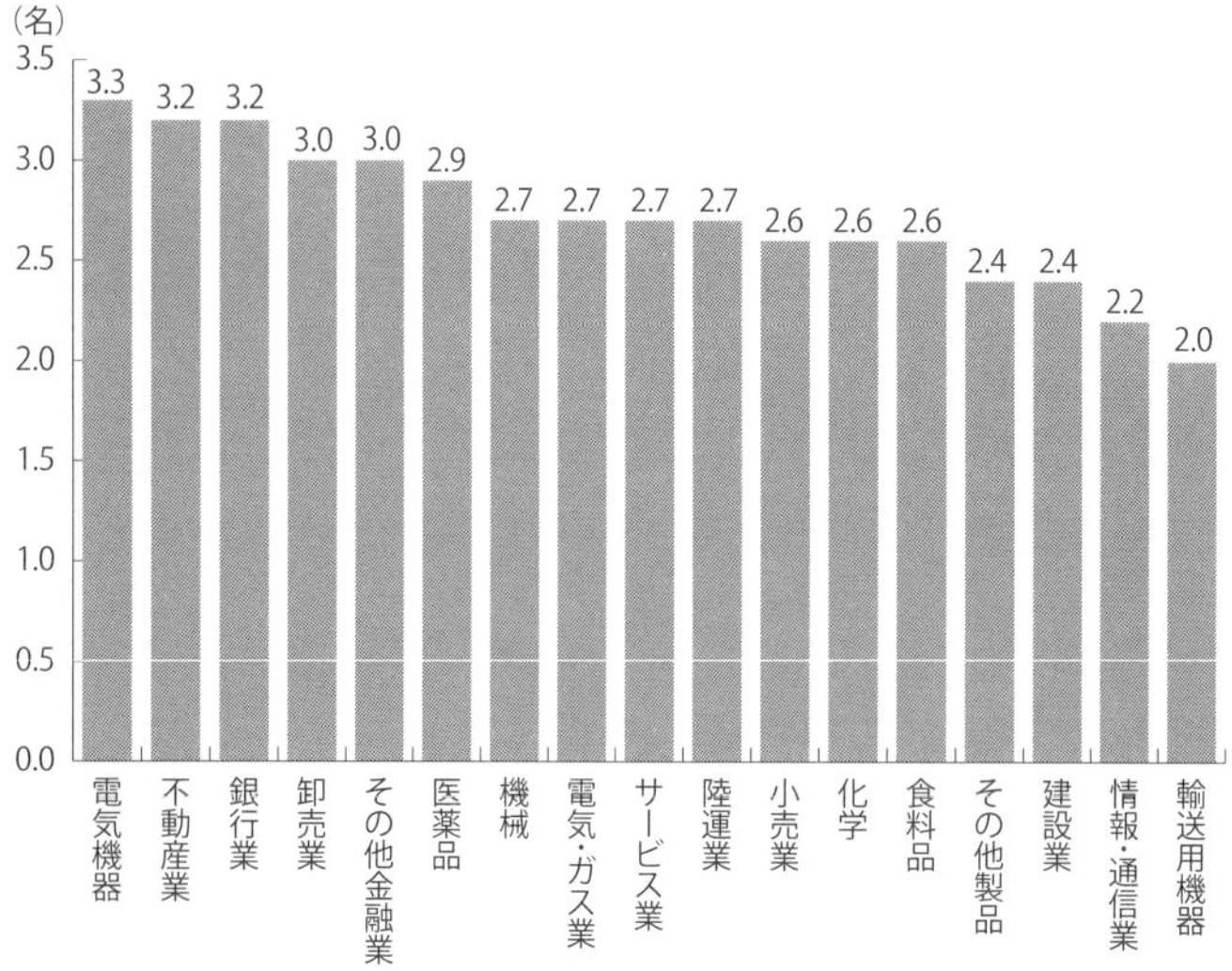

（出典）日経バリューサーチよりEY総合研究所作成
（対象）TOPIX500構成銘柄。10社以上が属する業種のみ

やすことができるため、コーポレートガバナンス・コードの要求を手っ取り早く満たすための手段と見なされることもあるようだ。一方でコーポレートガバナンスの強化に本格的に取り組もうとする企業にとって、指名委員会等設置会社では指名・報酬委員会に決議権限を委譲することが求められるなどの制約がある（欧米のベスト・プラクティスでは、これらの委員会は諮問のための機関にとどまり、決議は取締役会で行われるのが通常だ。第2章[4]参照）ことから、監査等委員会設置会社の方が「使い勝手」が良い面があるのは事実だ。制度としての成否についてはもう少し長い目で判断するとして、本書では同制度への移行はコーポレートガバナンス強化のための取り組みとの認識の下で議論を進める。

図表1-4　委員会型への移行割合（業種別）

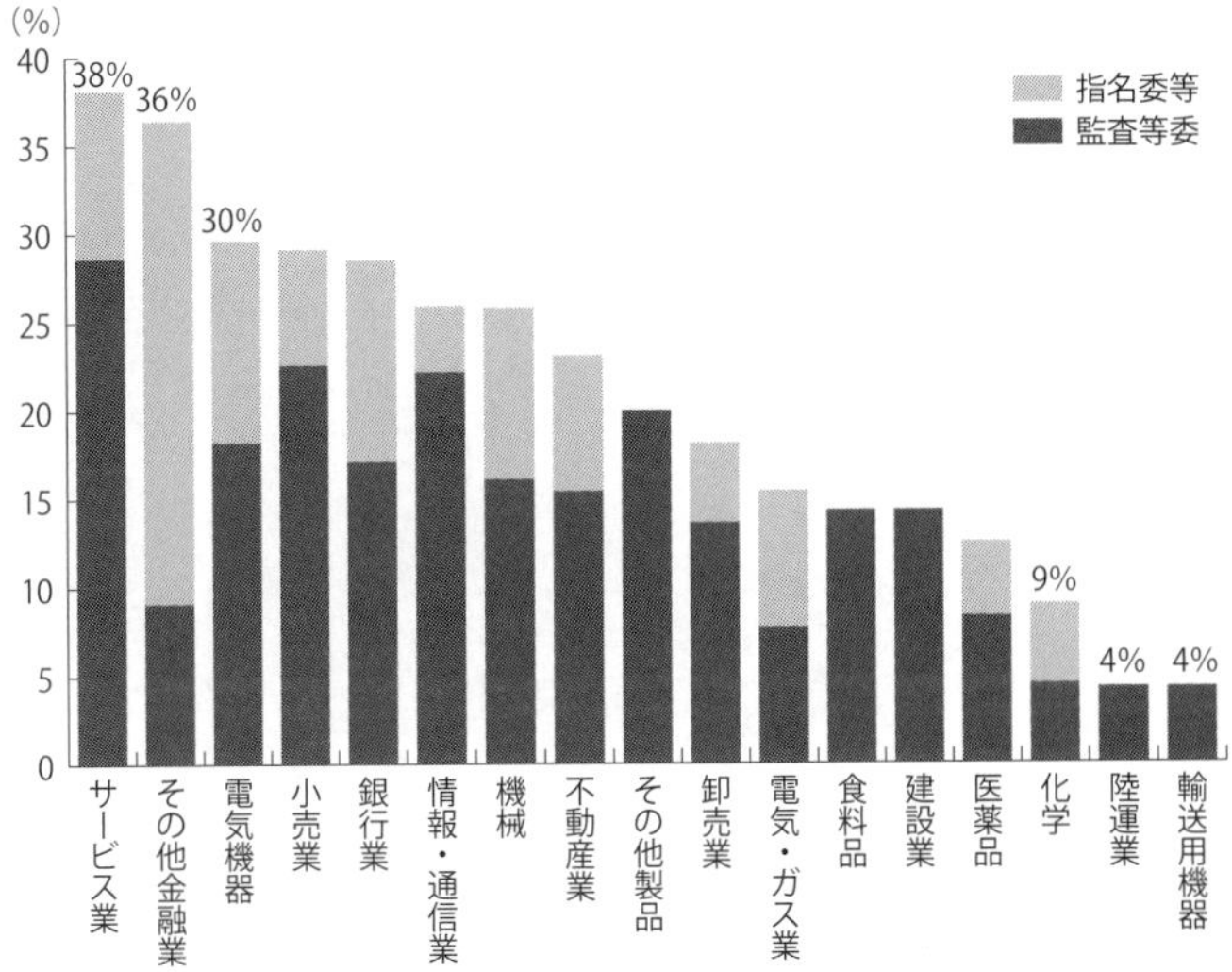

（出典）日経バリューサーチよりEY総合研究所作成
（対象）TOPIX500構成銘柄。10社以上が属する業種のみ

業種別の格差大きい

直近の状況を業種別に見てみよう。まずは独立社外取締役の平均人数からだ。主要な（10社以上が該当する）業種に注目すると（図表1－3）、電気機器、不動産業、銀行業、卸売業のように3名以上という業種がある一方で、輸送用機器はコーポレートガバナンス・コードの要求水準ギリギリの2・0名となっている。

このような差は委員会型に移行した企業の割合が高い業種でも見ることができる。図表1－4を見ると、サービス業やその他金融業で35％を超えており、製造業に限定すると電気機器が30％と最も高くなっている。逆に割合が低いのは輸送用機器、陸運業、化学で、いずれも10％を下回っている。

業種間の格差の背景

1980年代に強い日本企業の象徴だった電気機器と輸送用機器（主に自動車関連）の2業種に注目すると、委員会型への移行割合が高く独立社外取締役の平均人数の多い前者と、委員会型への移行割合が低く独立社外取締役の平均人数の少ない後者と、コーポレートガバナンスへの取り組みが両極端となっている。この背景にある要因として、両業種の事業環境や国際競争力の違いが指摘できる。

90年代以降、電気機器についてはデジタル化に代表される急速な環境変化の中、国際競争力が大きく低下している。日本独特の経営体制に固執していては競争力の回復を望めないと判断し、コーポレートガバナンスについて欧米企業の慣行を取り入れたと考えられる。同時に、同業種は外国人株主の多い企業が多いことから、業績低迷の中で株主の信頼をつなぎ止める目的があった可能性も指摘される。一方、輸送用機器でも環境変化はあったものの、「擦り合わせ」に代表される技術的な優位性に支えられ、電気機器に比べると国際競争力を保っている日本企業が多い。従前からの経営体制を大きく変える必要性を感じる機会が比較的少ないことが、同業種がコーポレートガバナンスの強化に慎重なスタンスを見せている背景にあると考えられる。

なお、コーポレートガバナンスの意義に懐疑的な識者からは、電気機器は欧米型のコーポレートガバナンスを模倣したために国際競争力が低下した、との指摘も聞かれそうだが、これは正しくない。電気機器各社の国際競争力の低下が指摘され始めたのは90年代であり、当時、同業種を含め日本ではコーポレートガバナンスが注目される機会はほとんどなかった。事業環境の変化や国際競争力の低下が電気機器各社をコーポレートガバナンスの強化へと駆り立てた、という因果関係で考える方が合理的だろう。

5 CGコードへの対応状況

16年6月の株主総会が終わった段階における、コーポレートガバナンス・コードの各原則に対するコンプライ（実施）率をまとめたのが図表1－5だ。最もコンプライ率の低い補充原則1－2④や4番目の補充原則3－1②は、議決権の電子行使や企業が開示する資料の英訳を求めるものであり、コンプライしない（エクスプレインする）企業の多くは外国人株主の少ない（≒規模の小さい）企業だろう。原則4－8についても（前掲の図表1－2で示した通り）、主要企業で2名以上という水準に達していないのはごく一部の企業に限られるため、エクスプレインしているのは規模の小さい企業が多いと考えられる。とすると、主要企業について特にコンプライ率の低い原則は取締役会の実効性についての分析・評価（補充原則4－11③、

図表1–5　コーポレートガバナンス・コード：原則別コンプライ（実施）率

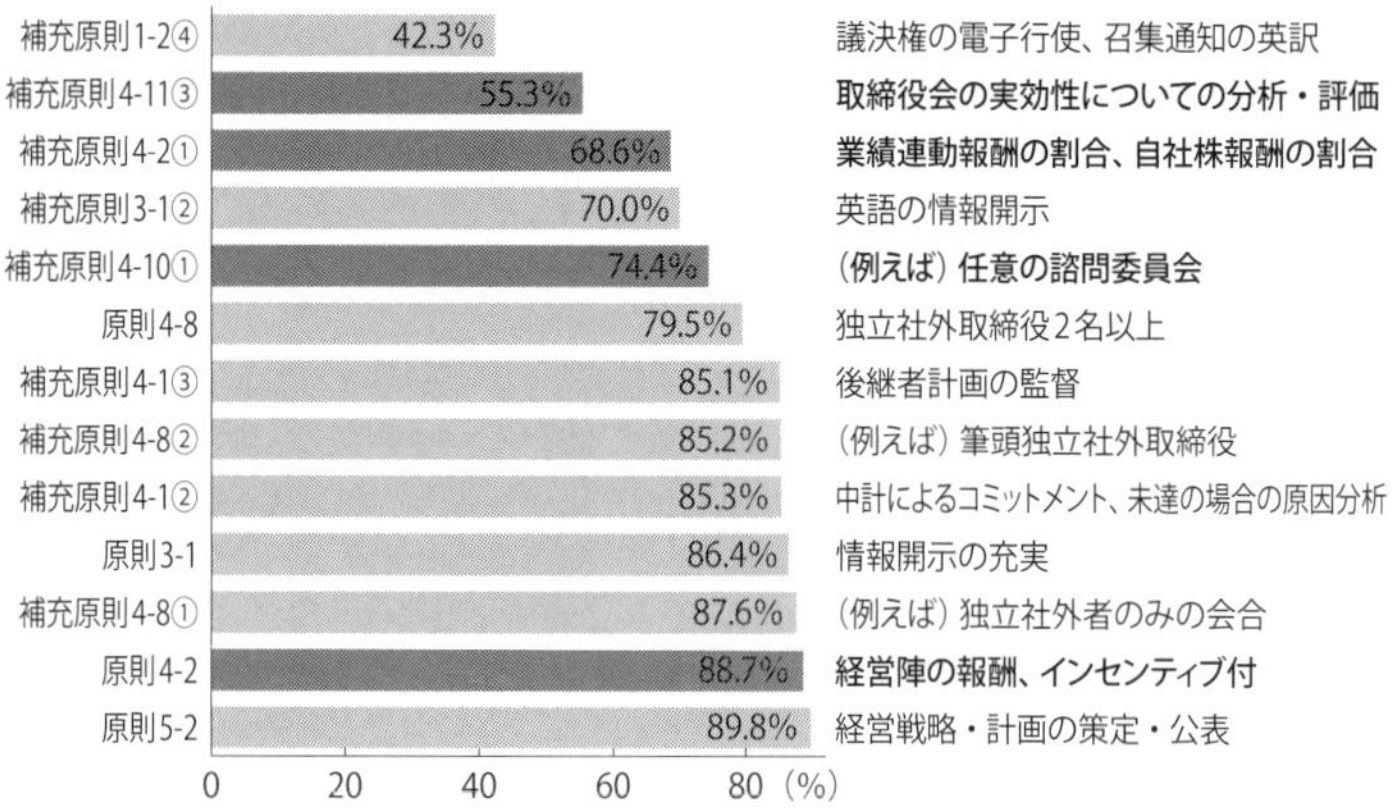

（注）実施率が90%を下回る原則のみ、2016/12末時点
（出典）東京証券取引所よりEY総合研究所作成

以下、取締役会評価）、役員報酬（補充原則4－2①、原則4－2）、及び任意の諮問委員会（補充原則4－10①）の3つと言える。以下、それぞれについて見ていこう。

取締役会評価：コーポレートガバナンス・コードの要求

コーポレートガバナンス・コード原則4－11は取締役会に対して、その実効性に関する分析、評価を行うこと、さらに同補充原則4－11③はその結果の概要を開示することを要求している。取締役会評価は欧米（特に英国）で定着している慣行だが、従前の日本では馴染みの無い慣行のため、本来の趣旨と異なる受け止められ方をするケースが少なくないようだ。主なものについて解説しよう。

（1）特によく聞かれるのが、取締役会の優劣を評価して格付けや点数で示すもの、といった受け止められ方だ。取締役会評価と呼ばれるのは英語で「board evaluation」とされるためだが、同コードにおいて評価の前に「分析」という文言が挿入されていることが示す通り、評価自体は目的ではない。目的は現状の取締役会について実効性を向上させることであって、そのために課題を抽出し、それをクリアするための対応策を導出するのが、本来求められている取り組みだ（欧米の事例については第2章3参照）。

（2）次に取締役会評価を行う主体だ。優劣を評価するのであれば外部機関が担うのが合理的だが、上述の通り、実際はそうではない。取締役会の在り方は企業によって異なる以上、外部機関を活用する場合であっても、課題を抽出し対応策を導出する主体は取締役会のメンバー（取締役・監査役）自身だ。外部機関が担う役割は一連のプロセスについて客観性を確保し、全体がスムーズに進むよう、支援することにある（第2章3で紹介する英国ＧＳＫの場合、外部機関を「facilitator（進行役等と訳される）」としている）。

　すでに取締役会評価を行った企業の開示事例を見ると、社外役員が主体となって社内取締役を対象とするようなものも散見されるが、これも本来求められているものとは異なる。指名や報酬の重要性が指摘され、そのためには経営者（≒社内取締役）を適正に評価することが重要、といった文脈から取締役会評価でも独立した社外役員が社内取締役を評価すべき、といった発想に至ったと考えられるが、経営者としての評価は指名と報酬に反映させれば十分であって、取締役会評価に持ち込むべきではない。取締役会評価を行う主体は取締役会のメンバー全員であり、社内・社外の区別は不要であることに留意すべきだ。

（3）最後に評価の対象だ。同原則では評価の対象を取締役会全体としているが、欧米企業の場合には取締役会及び各委員会に加えて取締役個人も評価の対象となるが、取締役の大半は独立取締役だ。日本で言えば、独立社外取締役が評価の対象ということになる。指名・報酬を通じて経営者を評価するのが独立社外取締役、独立社外取締役を評価するのが取締役会評価、といった整理もできよう。欧米企業では、議長以外の取締役については議長が評価する他、相互評価も行われるようだ。同時に、議長に対しては議長以外の各取締役が評価することになる。日本のコーポレートガバナンス・コードでは取締役個人を対象とする評価までは明記されていないが、将来的な課題となる可能性も指摘されよう。

主要企業の対応：モニタリング・ボードに対する意識が伺われる

では、主要企業の対応状況を見てみよう。前節まで以上に精緻な分析が求められるため、本節の対象は（一部を除き）TOPIX100構成銘柄に限定する。各社による新書式に対応したコーポレートガバナンス報告書の提出が一巡した時点で、コンプライしているのが86社と、エクスプレインしている14社を大きく上回っている。さらに評価の結果についてだが、「実効性が確保されていることを確認した」といった開示に終始している企業が34社、さらに実効性を高めるための課題の開示まで踏み込んでいる企業が52社となっている。課題の開示がないということは、現状の取締役会が実効性をもって機能していることではあるものの、日本企業のコーポレートガバナンスに懐疑的な投資家・株主からは「現状以上に良くなる余地がない」あるいは「良くする意欲が乏しい」と受け止められかねないことが懸念される。課題と対応策を開示し、年々、コーポレートガバナンスを高めていく姿勢を打ち出す企業の方が、投資家・株主からは信頼感を得やすい可能性も指摘される。

開示されている主な課題を見る（図表1–6）と、さまざまなものが並んでいるが、上位4項目については「戦略等重要な議論」を軸に整理することができる。従前は経営者（社内取締役）が中心となって日々の業務執行について議論してきた取締役会が、今後は社外役員とともに戦略等の重要な議論を行おうとする場合、ネックになるのは取締役会における審議時間の確保と社外役員の事業知識だ。前者に対応するためには「議案の絞り込み等」、後者に対応するためには「社外役員の支援」及び「資料の充実・内容、事前説明」が必要と

図表1-6　取締役会評価において開示されている課題

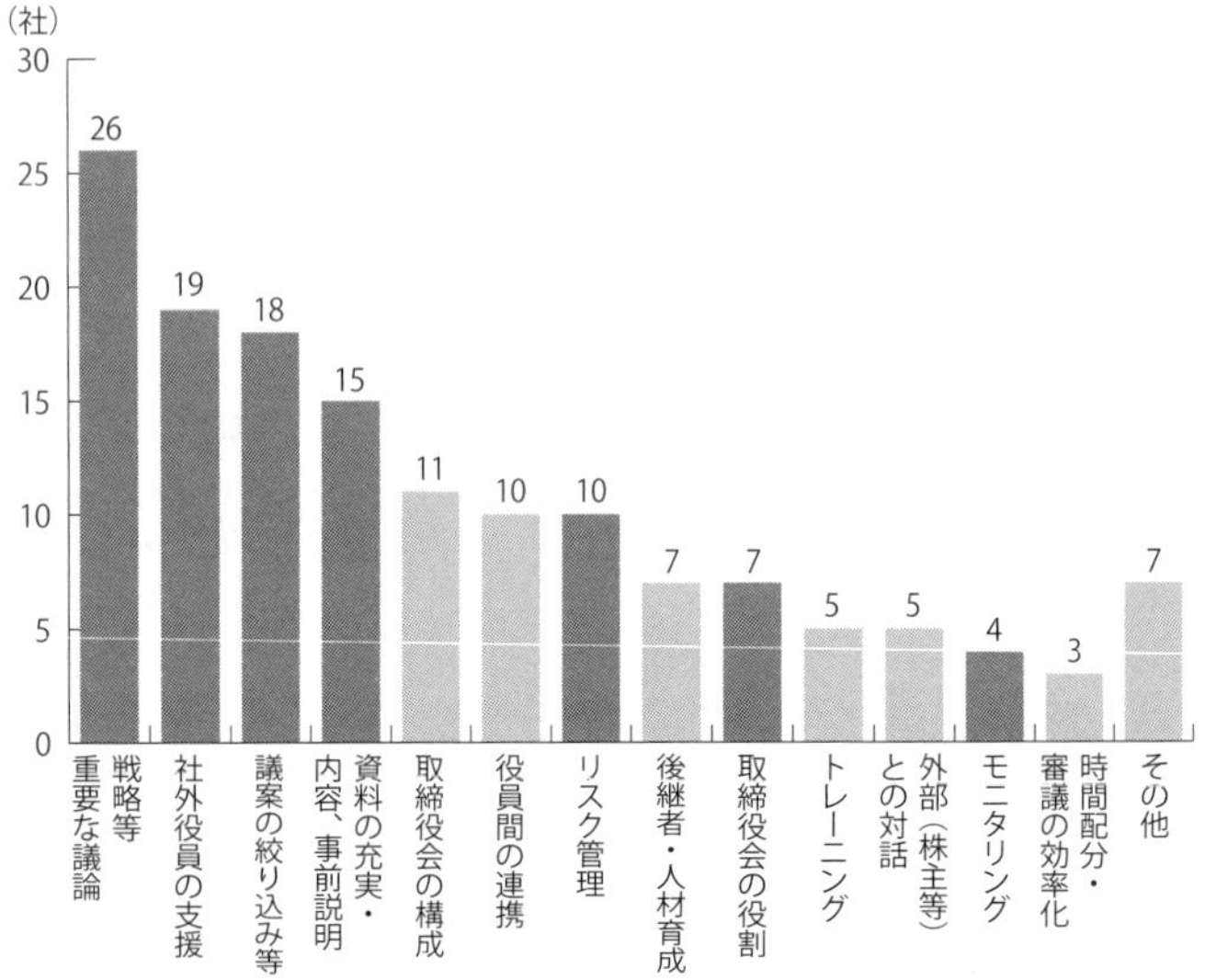

（出典）各社資料よりEY総合研究所作成
（対象）TOPIX100構成銘柄

なる、といった具合だ。

図表1-6で挙げられた課題には、上述の監督機能の強化、さらにはモニタリング・ボードへの移行を見据えたと考えられるものが少なくない。詳細は第2章6で述べるが、監督機能に求められるのは、目指す姿・目指さない姿・取り組みを示したうえで、その状況をチェックすることだ。「戦略等重要な議論」は目指す姿とそのための取り組み、「リスク管理」は目指さない姿とそのための取り組み、「モニタリング」はチェックに該当する。また、「取締役会の役割」を挙げる企業は監督機能に特化したモニタリング・ボードへの移行を視野に入れていると考えられる。

この傾向は委員会型に移行した企業と監

査役会設置会社、あるいは監査役会設置会社の中でも独立社外取締役の人数によって異なっている。例えば、「戦略等重要な議論」については委員会型21社中6社（29％）、監査役会設置会社65社中20社（31％）と大きな差にはなっていないが、「資料の充実・内容、事前説明」については前者の6社（29％）に対して、後者は9社（14％）と差が付いている。また、「議案の絞り込み等」については委員会型では8社（38％）、監査役会設置会社の中でも独立社外取締役を4人以上設置する企業では19社中5社（26％）と高い割合になっているが、独立社外取締役が3人以下（監査役会設置会社）の場合には46社中5社（11％）にとどまっている。この他、「取締役会の役割」について、独立社外取締役4人以上の企業で4社（21％）に達しているのに対して、他は委員会型を含め5％以下となっている。また、リスク管理は委員会型で5社（24％）に達しているのに対して、監査役会設置会社では5社（8％）にとどまっている。

これらを総合すると、以下が指摘できる。

▼「戦略等重要な議論」については幅広い企業が課題として認識している。監督機能やモニタリング・ボードに対する意識の広がりを反映していると考えられる。

▼ただし、議案の絞り込みや資料の充実化といった具体的なアクションにまで踏み込んでいるのは、委員会型に移行した企業や独立社外取締役を多く設置する監査役会設置

会社が多い。これらの企業では監督機能の強化を現実的な課題として捉えていると考えられる。

▼特に独立社外取締役4名以上の監査役会設置会社では、「取締役会の役割」の再考を通じて、モニタリング・ボードへの移行を現実的に検討している企業が少なくない。

▼一方、委員会型で「取締役会の役割」が課題とされるケースが少ないのは、委員会型に移行した段階で、モニタリング・ボードへの移行についても一定のコンセンサスが形成されているケースが多いためと考えられる。

▼委員会型でリスク管理に対する意識が高まるケースが見られるのは、監査役（会）の機能を取締役会に取り込む形になるためと考えられるが、中にはモニタリング・ボードへの移行が具体化しているケースがあることも想定される。

役員報酬：コーポレートガバナンス・コードの要求

コーポレートガバナンス・コード原則4－2は、経営陣の報酬（役員報酬）について「中長期的な会社の業績や潜在的なリスクを反映させる」ことを求めている。これを文字通り解釈すると、単純に毎年の利益に連動するだけの役員報酬は中長期の業績も潜在的なリスクも反映しないため、この原則の要求を満たさないことになる。一方で、理論上、株価は中長期の業績やリスクを織り込んで形成されることから、自社の株価に連動する報酬（自社株報酬）についてはこれを満たすことになる。補充原則4－2①で現金報酬と自社株報酬の割合に言及していることも含め、同コードが自社株報酬の導入を促しているのは明らかと言えよう。背景には、日本企業の経営者が自社の株価に対する意識が低いという、機関投資家の不満があると考えられる。その意識を高めるためには経営者に株式保有を促すのが早道、という論理だ。実際、第2章5で示す通り、欧米企業では役員報酬における自社株報酬の割合は総じて高水準になっている。

さらに、原則4－2は「健全な企業精神の発揮に資するようなインセンティブ付」を求めており、企業価値向上に向けて有言実行で取り組むよう促す報酬体系を想定していると考えられる。原則3－1（iii）は役員報酬の方針の開示を求めているが、ここで参照する指標等の具体的な設計について開示することも重要と言える。また指標については、営業利益や純利益よりもROEのような企業価値向上に直結する指標の方が同コードの意向に近いと考えられる。

主要企業の対応：変動報酬が普及

取締役会評価同様、TOPIX100構成銘柄で見てみよう。賞与・業績連動報酬あるいは自社株報酬といった変動報酬を導入している企業は１００社中97社に達している。このうち、賞与・業績連動報酬を導入している企業は93社と、自社株報酬を導入している企業の70社を上回っている。ただし、このうち報酬を算出する際の基となる指標を開示しているケースは45社と半数に満たず、残る48社については不透明な印象を払拭し難い。また、指標を開示しているケースでも、売上・利益を採用する40社に対し、企業価値に直結するＲＯＥ等の資本効率性指標や株価を採用するのは20社（重複あり）にとどまっている。企業価値向上に向けたインセンティブとしては、やや不十分な印象は否めない。

一方、自社株報酬については、従前は単純なストックオプションや行使価格を1円とする株式報酬型ストックオプションが主流だったが、近年では業績や株価等の条件を付けるケースが増えており、自社株報酬を採用する70社のうち39社が条件付きだ。条件は賞与・業績連動報酬同様、売上や利益が多いが、中にはＲＯＥのような資本効率性指標の他、競合他社に対する相対的な収益性指標を用いる等、一部の企業ではあるが独自の工夫を行うケースも見られる。また、依然として株式報酬型ストックオプションが33社と最も多い（重複あり）が、次いで信託を用いて自社株を付与する方式が15社と通常のストックオプション（14社）を上回っている。また、報酬自体は金銭だが、持株会等を通じて一定の自社株の購入・保有を義務付けるケースも見られる（13社）。

このように、参照する指標の開示や指標と企業価値の連動性といった課題はあるものの、自社株報酬の普及が進む等、主要企業の多くがコーポレートガバナンス・コードの意向を受け入れつつあると言える。一方で、第2章5で示す通り、欧米企業の役員報酬は目指す姿等を反映した複雑な設計になっていることが多く、かつ情報開示も豊富だ。それに比べると、日本企業の役員報酬がやや見劣りする点も指摘しておくべきだろう。

指名・報酬委員会：コーポレートガバナンス・コードの要求

コーポレートガバナンス・コード補充原則4－10①は独立社外取締役が取締役会の過半数に達していない場合に、指名・報酬に関する検討において独立社外取締役の適切な関与・助言を得ることを求めており、独立社外取締役を主要な構成員とする任意の諮問委員会の設置を例示している。独立社外取締役が取締役会の過半数に達している企業、あるいは指名・報酬委員会の設置が義務付けられている指名委員会等設置会社はほぼ自動的にコンプライとなるが、監査等委員会設置会社及び監査役会設置会社がコンプライとする場合には、例示に従って委員会を設置するか、委員会を設置しなくても「独立社外取締役の適切な関与・助言」を得られていると判断するか、の選択を迫られることになる。

なお、同原則において指名・報酬が「特に重要な事項」とされるのは、経営者に利益相反

図表1-7　任意の諮問委員会の設置状況

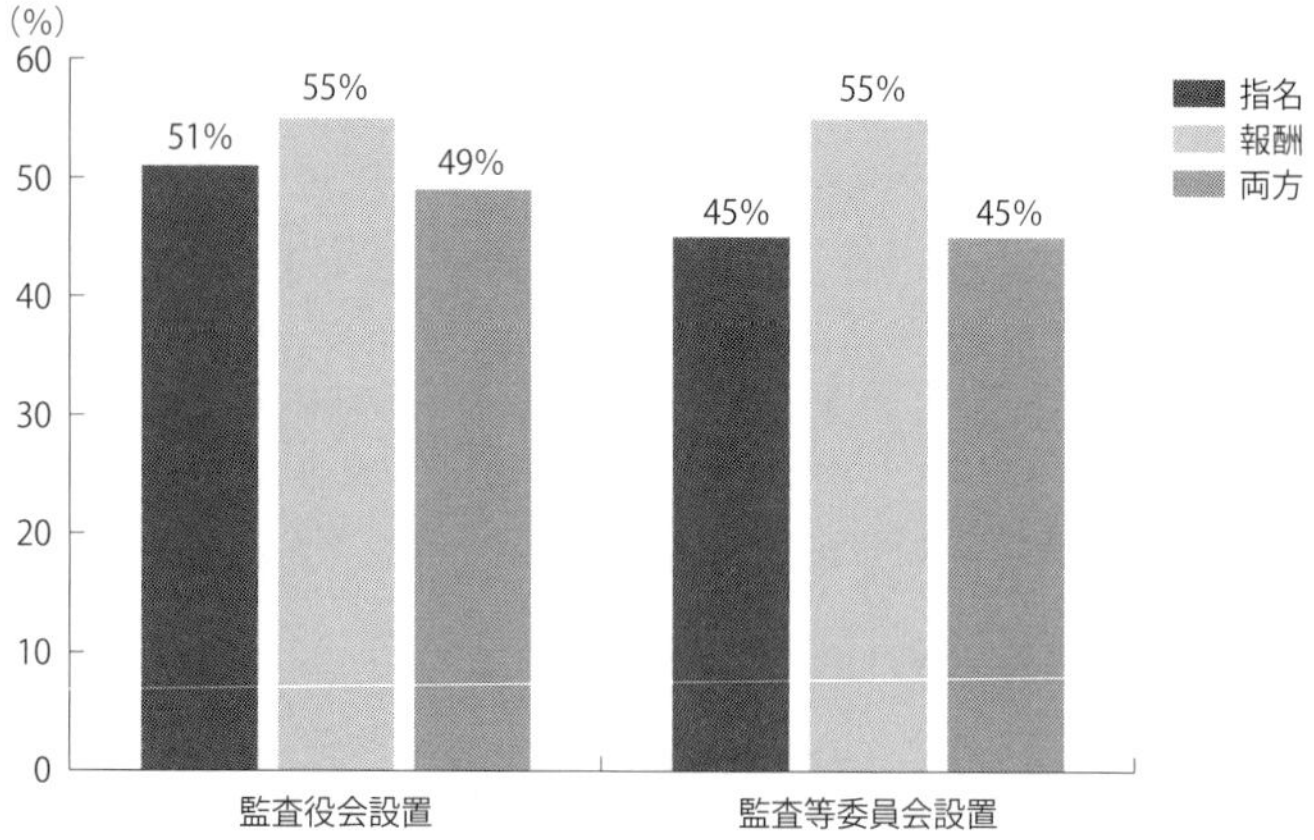

（出典）日経バリューサーチよりEY総合研究所作成
（対象）TOPIX500構成銘柄

が生じることに加え、取締役会による経営者に対する監督機能と密接な関係があるためだ。

主要企業の対応：任意の設置広がる

委員会の設置状況について見てみよう。ＴＯＰＩＸ１００構成銘柄では監査等委員会設置会社の数が少ないため、ここでは対象を再びＴＯＰＩＸ５００構成銘柄に広げる。

図表１－７に示す通り、監査役会設置会社・監査等委員会設置会社ともに、概ね半数の企業について は任意の委員会を設置している。同原則は任意の委員会について「例えば」としているだけで、コンプライの条件とはしていないため、これらはいずれも企業の自主的な取り組みだ。前項で述べた通り、同コードを契機とする自主的な取り組みが委員会についても見て取ることができる。

監査役会設置会社と監査等委員会設置会社で委員会を設置している企業の割合を比較すると、報酬委員会については同水準だが、指名委員会及び両方の委員会を設置している企業の割合については前者の方が高くなっている。監査役会設置会社から監査等委員会設置会社への移行はコーポレートガバナンス強化の取り組みの象徴として受け止められることもあるが、少なくとも委員会の設置状況からはそのような傾向は伺えないことになる。逆に監査役制度の廃止に伴い社外役員（取締役・監査役）の人数が減少する事例が少なくない等、問題点も指摘されている。監査等委員会設置会社は、自主的な取り組みによって指名委員会等設置会社同様、あるいはそれ以上に欧米企業に近いコーポレートガバナンスを実現する可能性がある一方で、実質的に移行前と大きく変わらないコーポレートガバナンスを維持することも可能、という非常にフレキシビリティの高い制度だ。それだけに、自主的な取り組みがどこまで行われるか、注視していく必要があると言えよう。

6

コーポレートガバナンス強化の成果は？

ROE向上との関係は見出せない

さて、本章で述べたような日本企業におけるコーポレートガバナンス強化の取り組みは、

図表1-8　社外取締役の平均人数別：ROE及び各構成要素

	社数	ROE	ROE ⑤を除く	①財務レバレッジ	②資本の有効活用度	③回転率	④営業利益率	⑤金利・税負担等
1名未満	53社	6.98%	11.76%	1.56	68.6%	2.17	5.08%	59.3%
1名以上2名未満	67社	8.50%	13.46%	1.64	69.7%	1.85	6.35%	63.2%
2名以上3名未満	42社	5.05%	10.92%	1.59	74.3%	1.70	5.46%	46.2%
3名以上	30社	6.44%	13.52%	1.62	74.1%	2.34	4.82%	47.6%
全体	192社	6.99%	12.50%	1.60	71.5%	1.99	5.48%	55.9%

（注）社外取締役の平均人数は単純平均、ROE及び各要素は幾何平均。期間は2011-2015年度。現預金、（投資）有価証券、賃貸等不動産を非事業資産として扱っている
（出典）QUICK及び日経バリューサーチよりEY総合研究所作成
（対象）TOPIX500に採用される製造業のうち、日本の会計基準を採用する192社（必要なデータを取得できない企業、決算期を変更した企業を除く）

迅速・果断な意思決定、さらにはROEの向上に結び付いているのだろうか。ここではTOPIX500を構成する製造業192社を対象に、社外取締役の人数とROEの関係を見てみよう。(8)

社外取締役に注目するのは、上述の通り、コーポレートガバナンス・コード以前は独立社外取締役よりも社外取締役に対する注目度の方が高かったためだ。図表1-8は2011～2015年度の5年間について、社外取締役の平均人数別にROEを示しているが、これを見る限り、社外取締役が多い（少ない）ほどROEが高い（低い）、といった明確な関係は見出せない。コーポレートガバナンスの強化がROE向上という結果に結び付くには至っていないと言える。

迅速・果断な意思決定は行われている

では、意思決定についてはどうだろう。社外取締役の設置・増員により透明性・公正性は増しているはずだ。さらにこれが迅速・果断な意思決定につながれば、中長期的にはＲＯＥ向上に結び付くことが期待される。図表１－８にはＲＯＥだけでなく、ＲＯＥの構成要素を示している（詳細は第３章④参照）。これを用いて迅速・果断な意思決定との関係を見てみよう。経営者により、「迅速・果断な意思決定」が行われていれば、以下のような企業行動につながり、それが図表１－８にある①～④の各構成要素に反映されるはずだ：①事業リスクを反映した適正な財務レバレッジにより資金を調達し、②調達した資金を金融資産等に滞留させることなく（＝資本の有効活用度を高め）、③④高い稼働率・収益性が見込まれる事業資産に資金を投資する（＝回転率・営業利益率を高める）。

このうち③と④については事業戦略の結果であることに加え、為替レートや原油価格のような外部環境の影響を免れないが、①と②は経営者の意思によってコントロールできる。特に②は①③④に比べて事業特性の影響も小さく（後掲の図表３－６でも、②については業種間

（８）本節の分析は拙著「日本企業のＲＯＥの現状とコーポレートガバナンス」に基づいている（http://eyi.eyjapan.jp/knowledge/future-business-management/2016-09-01.html）。興味のある読者は参照して欲しい。

の違いが他の要素に比べて小さいことが分かる)、意思決定が迅速・果断に行われたか否かを測る指標としては最適と考えられる。図表1－8を見ると、②以外の要素については社外取締役の人数と明確な関係は見出せないが、②については社外取締役が2名未満の場合は70％弱、それ以上の場合は74％強と明確な違いがあることが分かる。社外取締役の設置・増員に積極的な企業ほど、迅速・果断な意思決定を行っていることの証左と言えよう。

ただし、図表1－8の②は社外取締役の設置・増員が迅速・果断な意思決定に結び付いている、という因果関係を示すものではない。実際、この5年間で社外取締役の設置・増員は進んでいるが、②はほぼ横ばいで推移しており、設置・増員された社外取締役が②の向上に寄与した形跡は伺えない。従前からROEの向上や迅速・果断な意思決定に対する意識の高かった企業ほど、コーポレートガバナンス強化に対する意識が高く、社外取締役の人数も多くなる傾向があり、同図表②はその傾向を反映している可能性が否定し難い。柳(2015)[9]は、コーポレートガバナンスとROEの関係について、因果関係があるとする機関投資家と相関関係があるとする機関投資家がいて、前者の方がやや多いことを示しているが、実際の数値が示すのは後者と言える。

本章の後半では、(独立)社外取締役の設置・増員の状況、任意の指名・報酬委員会の設置状況、取締役会評価の状況とそれを通じた監督機能やモニタリング・ボードに対する姿勢、役員報酬の状況、コーポレートガバナンス強化とROEやその構成要素との関係について概観・分析した。総括すると、日本企業においてコーポレートガバナンスの強化に対する取り組みは一定の進展を見せており、透明・公正かつ迅速・果断な意思決定を行う準備は着実に進んでいると言って良いのではないだろうか。一方で、それが透明・公正かつ迅速・果断な意思決定によるROE向上という成果に結び付くまでには至っていない。今日までの取り組みをさらに発展させ、成果に結び付けるために何が必要か、第2章で考える。

(9) 柳良平 (2015)『ROE革命の財務戦略』(中央経済社)

第2章

欧米企業のベスト・プラクティスと日本企業への示唆

1

なぜ欧米企業に学ぶべきか？

日本企業のコーポレートガバナンス強化の延長線上には欧米企業のベスト・プラクティスがある。このことは過去の経緯からして明らかであろう。例えば、日本のコーポレートガバナンス・コードは主に英国の同コードを手本として策定されたが、有識者会議ではOECD（経済協力開発機構）のコーポレートガバナンス原則やドイツ・フランスのコーポレートガバナンス・コードも参考資料として供されている。また、監査等委員会設置会社制度は監査役会設置会社制度と指名委員会等設置会社制度の中間的な位置付けとして導入されたが、そもそもの指名委員会等設置会社制度は米国のコーポレートガバナンス規制に範を取って導入された制度だ。

本章では、欧米企業のベスト・プラクティスを通じ、日本企業のコーポレートガバナンスに対する示唆を導出する。

対象企業

今回、ベスト・プラクティスとして採用するのは、欧米の製薬大手である米国のファイ

図表2-1　事例調査の対象企業

（単位：億円）

地域・国			企業名	売上	時価総額
米国			ファイザー	59,141	239,725
欧州	英国		グラクソ・スミスクライン（GSK）	44,249	118,480
	大陸欧州	ドイツ	バイエル	62,191	126,006
		フランス	サノフィ	46,373	134,103
（参考）日本			製薬大手4社合計	47,145	111,657

（注）時価総額は2015年末時点、売上は2015年12月期（日本企業は16年3月末時点及び16年3月期）
（出典）QUICK/FACTSETよりEY総合研究所作成

ザー、英国のグラクソ・スミスクライン（GSK）、ドイツのバイエル、フランスのサノフィの4社だ（図表2－1）。製薬会社を対象とするのは、米国に加えて欧州の主要3カ国にそれぞれ代表的なグローバル企業が存在し、比較という目的において都合が良いためだ。いずれも売上は4・4兆～6・2兆円、株式の時価総額は11・8兆～24・0兆円という大企業だ。日本の製薬大手4社の合計は売上4・7兆円と時価総額11・2兆円だから、この4社が如何に大きいか、分かるだろう。事業及び株主ともにグローバルで、ベスト・プラクティスとして扱うにふさわしい事例と言える。

なお、事例の解説に進む前にキーワードを確認しておきたい。第1章[3]で述べた通り、コーポレートガバナンスでは、経営を行う（業務を執行する）機能とそれを監督する機能の分離（執行と監督の分離）がポイントとなる。日本では監督機能を担う機関は取締役会（Board of Director）とされ、欧米でも同様の名称が用いられることが多いが、ドイツでは法定により監督機能を担う機関は監査役会（Supervisory Board）と呼ばれる。混乱を避けるため、本書では監督機能を担う機関はドイツの監査役会を含め全て「取締役会」、そのメンバーは「取締役」とする。同様に執行機能を担う者を「執行役」あるいは「経営者」（文脈によって使い分けるが、意味は同様）、そのトップを「ＣＥＯ」とする。

以下、この4社の事例から欧米企業のコーポレートガバナンスの特徴を示し、日本企業に対する示唆を導出する。個別企業の状況についての詳細は本章末に示す。関心のある読者は参考にして欲しい。

2

欧米企業の現状❶：監督と執行の分離

社内or社外ではなく、執行or非執行、独立or非独立

日本企業のコーポレートガバナンスについて最初に注目されるのが社外取締役だが、欧米企業において取締役を社内と社外で分ける慣行はない。監督と執行の分離というコーポレートガバナンスの基本的な論理に則って考えると、重要なのは経営者に対する監督機能を果たせるか否かであって社内／社外の区別は特段の意味を持たないためだ。欧米企業の取締役は、まず経営者（執行役）を兼務する執行取締役と兼務しない非執行取締役に分けら

れ、さらに後者について独立性の要件を満たす者が独立非執行取締役とされる。日本企業に当てはめる場合、社内取締役＝執行取締役、（独立）社外取締役＝（独立）非執行取締役となることが多いが、そうでないケースも想定される。指名委員会等設置会社に移行した企業において、経営者（執行役）を兼務しない社内取締役が散見される。社外取締役という制度の歴史が浅く、適任となる人材が十分でない中、監督と執行を分離するためと考えられるが、このようなケースでは日本の会社法上で社内取締役であっても、欧米企業との比較では非執行取締役に区分されることもあり得る。

日本で社内／社外の区分が重視される背景には、従業員が内部昇格によって取締役に就任する慣行があるため、そこに社外の意見を取り入れる目的で社外取締役という制度が導入された経緯がある。しかし、経済産業省のコーポレート・ガバナンス・システムの在り方に関する研究会が2015年7月に公表した「法的論点に関する解釈指針」で社外取締役の行為について「業務執行」に該当するか否かが論点になっていることが示す通り、日本においても本質は社内 or 社外ではなく、執行 or 非執行だ。コーポレートガバナンス・コード原則4－6の「業務の執行と一定の距離を置く取締役」が非執行取締役を指すのは明らかであり、原則4－8では社外取締役ではなく独立社外取締役の人数に言及している。日本企業でも、欧米企業同様にコーポレートガバナンスの論理に則った区分に移行しつつあると言えよう。

なお、ドイツでは一定以上の規模の企業では株主により選任される取締役10名に、従業員代表10名を加えた20名によって取締役会を構成することが法定されている（従業員代表といっても産業別組合の代表者も入るため、必ずしも社内の者ばかりでない）。フランスでも従業員持株会の保有比率が一定を上回る場合には従業員代表を取締役に選任することが法定されている（サノフィは該当しない）。このような従業員代表については監督と執行の分離といったコーポレートガバナンスの論理とは異なる領域の問題を含んでいるため、本書ではこのような取締役が存在するという事実を指摘する以上の深入りは避ける。

監督と執行の分離進む

今回事例とした4社について取締役会の構成を見ると、欧米企業において執行と監督の分離が進んでいることが分かる。図表2-2に示す通り、バイエルの従業員代表を除くと取締役の人数は10~14名と日本企業と大差ない水準だが、その内10~13名は非執行取締役だ。さらにサノフィの2名以外は全て独立しており、独立非執行取締役の比率は最低でも8割弱（GSK及びサノフィ）に達する。なお、バイエルの取締役会は執行取締役がゼロになっているが、これは同国の法定によるものだ。日本のコーポレートガバナンス・コードが独立社

図表2-2　取締役会の構成（2015年末）

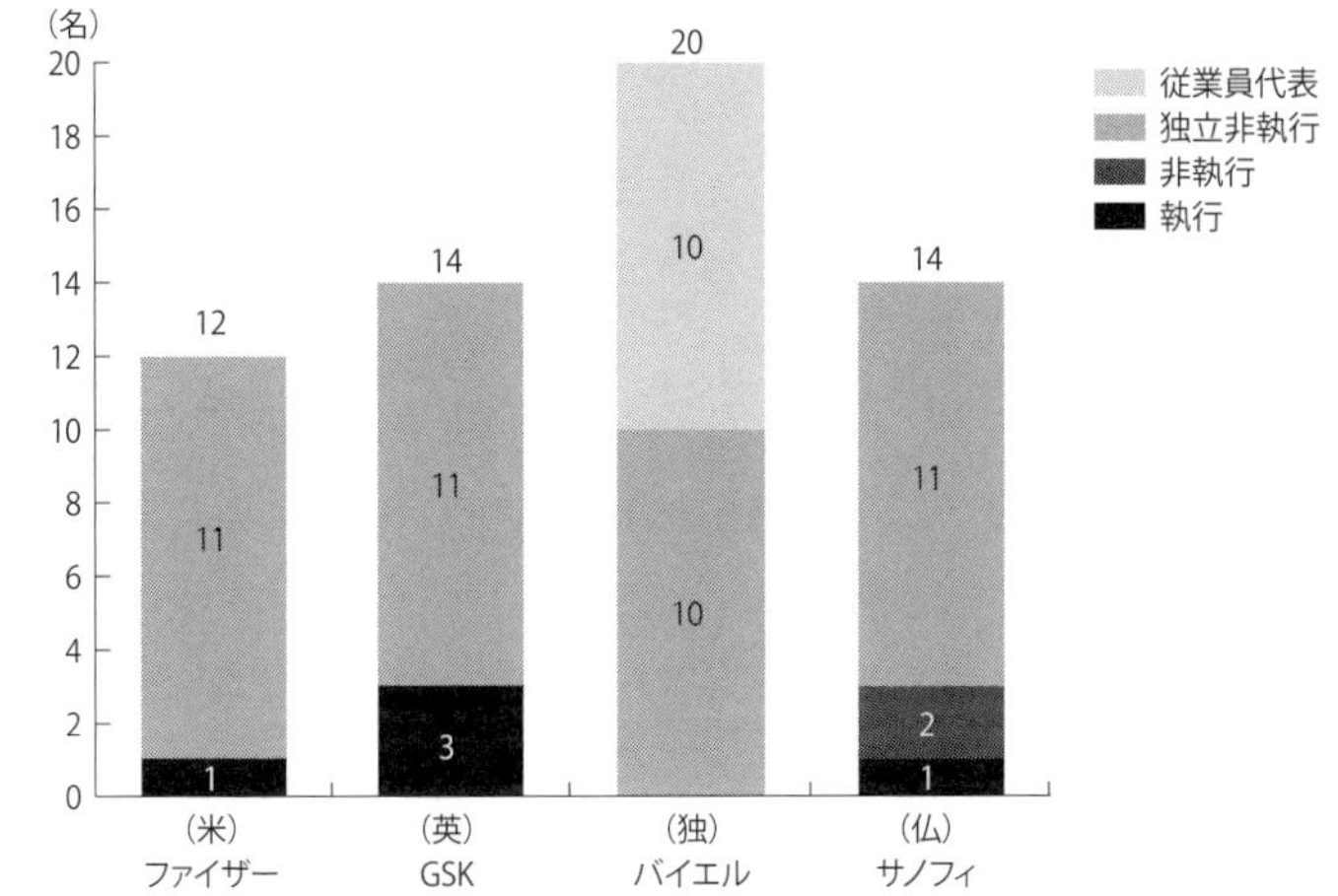

（出典）各社資料よりEY総合研究所作成

外取締役について２名以上あるいは３分の１以上としているのに比べると、人数・比率ともにはるかに高い水準だ。独立非執行取締役が大半を占めるメンバー構成で執行についての議論を行うことは想定し難い。執行と監督の分離が進み、経営者の監督を行う場（モニタリング・ボード）として取締役会が整備されていることが分かるだろう。

　取締役会が監督の場として機能するためには議長も重要な要素となる。経営の状況に関する情報を持つＣＥＯが執行取締役として議長となり、独立非執行取締役に対する情報の提供から、取締役会における議題の設定や議論のコントロールといった一切の権限を行使できるようになると、独立非執行取締役による監督が機能し難くなる可能性は否定し難い。このように取締役会におけるＣＥＯの権限が過大になるのを回避するため、投資家からは議長とＣＥＯの分離を求める声が強くなっている。実際、上記４社のうち、欧州の３社については議長とＣＥＯを分離し、独立非執行取締役が議長となっている。

一方、米国では議長とＣＥＯの分離が進まない企業が多いことが指摘されている。ファイザーも同様にＣＥＯが議長を務めるが、同社は投資家の懸念への対応も忘れていない。ＣＥＯが議長を務める現状について（独立非執行取締役のみによって構成される）指名委員会からの支持を得るとともに、投資家の懸念に応えるため筆頭独立取締役を設置している。筆頭独立取締役は取締役会に送られる情報や取締役会の議題について承認する権限を持つ他、エグゼクティブ・セッションや独立非執行取締役による議長兼ＣＥＯの評価を主導する等多くの役割を担っている。エグゼクティブ・セッションが日本のコーポレートガバナンス・コード補充原則４-８①の「独立社外者のみを構成員とする会合」、筆頭独立取締役が補充原則４-８②の「筆頭独立社外取締役」に該当することは明らかだろう。

取締役の資質（経歴）・多様性

取締役会が監督機能を発揮するためには、各取締役の資質や多様性も重要な要素となる。まずは資質を見るため、非執行取締役の経歴に注目しよう。図表２-３では、各社の開示に基づき筆者の判断により区分けしている（複数の経歴を持つ者がいるため、同図表の合計と非執

図表2-3　経歴と多様性（2015年末）

企業名	非執行取締役の経歴（名、重複あり）				取締役の多様性	
	経営者	学者	専門家	その他	女性	外国人
（米）ファイザー	8	3	1 （会計）	0	3 （25%）	NA
（英）GSK	10	2	1 （法律）	1 （コンサルタント）	4 （29%）	8 （57%）
（独）バイエル*	9	2	0	0	2 （20%）	2 （20%）
（仏）サノフィ	10	3	2 （法律）	0	5 （36%）	5 （36%）

（出典）各社資料よりEY総合研究所作成
＊株主代表のみ

行取締役の人数は一致しない）。最も多いのは各社ともに経営者、次いで学者となっている。学者は全て医療に関係する分野を専門としており、製薬会社という事業特性を反映していると考えられる。また、バイエル以外の3社では法律や会計といった専門家も見られる。日本企業で弁護士や公認会計士が独立社外取締役に就任するケースは珍しくないが、欧米企業も同様と言える。ただし、一部の日本企業では弁護士・公認会計士が独立社外取締役の大半を占めるケースが散見されるが、欧米企業では経営者の経歴を持つ者を中心に構成される独立非執行取締役の一部を占めるにとどまっており、位置付けは異なっている。欧米企業では、経営の監督という責務を踏まえ、経営経験を持つ人材を中心に、必要に応じて事業知識やその他の知見を補強するよう人材ポートフォリオが形成されていると言えよう。

次に取締役会全体としての多様性だが、4社ともに女性が複数名、比率にすると20％〜36％と通常の日本企業に比べると高水準だ。さらに、女性の比率を高めていく方針を打ち出す例も見られる。まず、GSKが2020年までに最低でも33％を目指す方針を示している他、サノフィも取締役会評価を通じて女性を増やす方向性を確認している。また、バイエルは、女性だけでなく男性の比率にも言及し、2016年以降の選任に際しては、男女いずれの比率についても30％以上となるようにする方針を明らかにしている。欧州企業を中心に、性別の多様性への意識は高いと言える。一方、外国人の比率も（各取締役の国籍を開示していないファイザーを除くと）20％〜57％と日本企業に比べると高いと言えるが、女性の場合と異なり増員の意向を示しているのはサノフィだけだ。意識的に国籍の多様化を進めているというよりも、グローバルな事業特性を反映させるうちに自然と多様化した可能性が指摘される。ファイザーやGSKがグローバルな経験を持つ取締役の比率を強調し、サノフィについても科学・薬品についての専門性を高める方針を明らかにしていることが示す通り、国籍よりも経験に裏打ちされた資質の方を重視している可能性もある。

取締役の資質や多様性については、後述の取締役会評価でも話題になることが多い。経営者の監督という責務に照らして、適切な資質や多様性を追求していると言える。

3

欧米企業の現状❷：取締役会の活動

取締役会の開催回数は総じて少ない

監督機能に徹した欧米企業の取締役会と、執行機能をベースとする日本企業の取締役会との違いは、取締役会の活動に反映されているはずだ。まずは２０１５年の取締役会の開催回数に注目すると、ファイザーは13回、ＧＳＫは11回、バイエルは6回、サノフィは11回となっている。ただし、ここには大型のＭ＆ＡやＣＥＯの選解任といった特定のイベントに対応した臨時開催が少なからず含まれている可能性が高い。詳細は本章末に記すが、定期開催に限定すると6～8回程度と推察される。日本企業では月1回とするケースが多く、株主総会の前後の開催を含めると年間12～15回程度が一般的と考えられるから、欧米企業の方が開催回数はかなり少ないと言える。一方で大型のＭ＆Ａが生じた場合等、必要に応じてフレキシブルに臨時開催を行っている点も特徴として指摘できる。

取締役会の活動状況：ＧＳＫ

少ない開催回数で取締役会が機能している要因として考えられるのが、（1）議論を執行ではなく監督に関するテーマに限定していること、(2)指名・報酬・監査に関する詳細な議論を各委員会に移管していること、の2つだ。ここでは(1)について見てみよう〈(2)については次節で言及する〉。今回事例とした3社のうち、欧州3社は取締役会の活動状況について開示している(欧州企業では同様の開示を行うケースが珍しくない)。まずGSKは2015年中の取締役会の活動について、「戦略」「取締役会及びリスクの監視」「ガバナンス」に分けて開示しているが、ここでは前2者に関する活動に注目しよう(図表2−4)。

同社の取締役会の活動は、PDCA(プラン・ドゥ・チェック・アクション)に沿って解釈すると分かりやすい。「レビュー」や「アップデート」という言葉が頻出するが、ここからは非執行取締役中心の取締役会が、経営者に権限を委譲したうえでその状況をチェック(C)しようとする姿勢が伺えよう。一方で、③3年計画、⑥5年計画及び長期見通しのように中長期にわたるプラン(P)がレビューの対象となっている等、受け身のチェックにとどまらない内容も散見される。特に⑪年次戦略会議では、正式な取締役会以外の場で独立非執行取締役が経営者とともにプランについての議論を行っているようだ。同社の取締役会は、戦略に関するプランとそのチェックにフォーカスする一方で、ドゥ(D)=業務執行については経営者に任せることで議論を効率化し、少ない開催回数でも十分な監督機能を発揮できていると考えられる。

図表2-4　GSK：取締役会の活動（2015年）

戦略	取締役会とリスクの監視
① 2014年及び15年のCEOの目標をレビュー	⑫ 14年の財務結果と15年の見通しのレビュー
② 14年及び15年の投資家行動のレビュー	⑬ 監査人の再任
③ 予算及び3年計画のレビュー・承認	⑭ Novartisとの買収案件のアップデート
④ 再構築されたコンシューマー・ヘルスケア及びグローバル医薬品事業のレビュー	⑮ 年初来の財務結果のレビュー
⑤ 「Deep Dive*」― 米国における薬品の価格設定及び処方箋へのアクセス（*Deep Diveは特定のテーマについての詳細なレビュー）	⑯ エボラ・ワクチンに関するアップデート
⑥ 改訂版5年計画及びM&A案件の完了を受けた長期見通しのレビュー	⑰ グローバル製造・供給に関する年次アップデート
⑦ 人材及びリーダーシップ開発戦略の年次レビュー	⑱ 企業倫理協定（CIA）の順守に関する決議の年次レビュー
⑧ 財務戦略と資金政策のレビュー	⑲ ワクチンに関する年次アップデート
⑨ 年金及び保険戦略のレビュー	⑳ 研究開発に関する年次アップデート
⑩ 事業の継続性の前提に関するレビュー	㉑ 品質に関するアップデート
⑪ 取締役会・執行役会による年次戦略会議の議題案のレビュー、同会議の実施、アウトプットのレビュー	㉒ 新ヘルスケア・プロフェッショナル（HCP）モデルに関するアップデート
	㉓ サプライ・チェーンに関するアップデート
	㉔ 新製品のローンチ計画
	㉕ 価格設定に関するアップデート

（注）番号は便宜上の都合により、筆者が追加
（出典）同社資料よりEY総合研究所作成

同社の取締役会の活動について、もう2つ指摘したい。1つ目が⑤米国における薬品の価格設定のように、自社の戦略だけでなく外部環境についても議論している点だ。独立非執行取締役と経営者が外部環境に関する認識を共有することで、プラン及びチェックに関して効率的な議論ができるようにしていると考えられる。2つ目が、リスクに関連した内容も議題に挙がっている点だ。具体的には⑱企業倫理協定（Corporate Integrity Agreement, CIA）や㉑品質

が挙げられる。同社では全ての取締役は監査・リスク委員会（後出）に招待されており、ここではリスクに関する事項が日常的に議論されている。戦略だけでなく、リスクについてもチェックの対象になっていると考えられる。

取締役会の活動状況：バイエル

同社は、「取締役会の審議は戦略、ポートフォリオ、及び事業活動に関する質問と人事の決定にフォーカス」としたうえで、2015年において以下のような活動を行ったことを明らかにしている。（同社資料より要約、番号は筆者が追加）

（1）年次報告書及び株主総会の議題を議論
（2）リスク管理システム、取締役会の効率性監査に言及
（3）事業部門の売却の計画に言及、年初来の業績や株主総会について議論
（4）素材科学部門の上場に関連して株式市場の状況について議論
（5）戦略・組織について議論（クロップサイエンス産業の発展や他社との協働を含む）
（6）新任執行役を指名、執行役の退任を承認
（7）執行役の報酬について議論

（8）取締役会及び執行役の規程や新たな委員会（イノベーション委員会）の設置を承認
（9）前執行役の年金の額についてルーティンのレビュー
（10）執行役が２０１６–18年の事業計画を説明、現状の格付けに関する情報を提供
（11）提案された16年財務的枠組みを承認
（12）２０１７–21年の監査について第一候補の指名を承認
（13）ドイツのコーポレートガバナンス・コードの順守を承認
（14）生命科学について議論

以上を見ると、概ねＧＳＫと同様の指摘ができる。すなわち、戦略・組織についての議論（5）、事業計画の説明（10）、財務的枠組みの承認（11）はプラン、年初来の業績についての議論（3）はチェック、クロップサイエンス産業の発展（5）や生命科学（14）は外部環境、リスク管理システム（2）はリスクに相当する。

加えて、ＧＳＫ以上に鮮明に表れている特徴として以下2点について指摘しておきたい。1つが事業部門の売却（3）、素材科学部門の上場（4）、及び他社との協働（5）といった全社的な議題だ。翻ってＧＳＫの事例を見ると、再構築された事業のレビュー及び買収案件のアップデート（前掲の図表2–4の④及び⑭）がこれらに近い。序章で言及した経営資源

の配分に関する議論が特に重要との意識を反映していると考えられる。次に、指名（6）、報酬（7）、監査（12）が議論されている点だ。これらについても、プランとチェックに関連付けて整理できる。すなわち、監査はＰＤＣＡにおけるチェックそのものであり、経営者の業績をチェックした結果は選解任（指名）や報酬に反映される。報酬はプランを反映して設計され、後継者計画（指名）は当該企業の長期的なプランを引き継げる者の選抜に他ならない。

取締役会の活動状況：サノフィ

同社の取締役会の２０１５年の活動を要約すると、以下7点に集約される。（同社資料より要約、番号は筆者が追加）

（1）財務諸表・財務に関する事項
（2）報酬に関する事項
（3）指名・ガバナンスに関する事項
（4）新製品に関するプレゼンテーション
（5）重要な提携・買収及び戦略的機会の提案のレビュー

（6）賃金と機会の公平性に関するポリシー
（7）従業員に対する株式発行の原則の承認

（1）〜（3）はそれぞれ監査・報酬・指名に関する事項、（5）はバイエルについて指摘した経営資源の配分に関する事項だ。戦略についての議論は見られないが、同社は戦略委員会を設置しており、同委員会では新製品のローンチ、戦略の概観、外部との研究開発における協働に関する提案、買収やパートナーシップの機会等が議論されている。GSKやバイエルの事例に基づいて指摘した内容と同様の内容が、同社の事例からも指摘されると言って良いだろう。

ところで、事業に対する知識や情報に限界がある独立非執行取締役が主役の取締役会で戦略の議論をどのように行っているのか、不思議に思う読者もいるだろう。執行と監督の分離を進めるためには取締役会の独立性を高める必要があるが、一方で取締役会と経営者の距離感が開き過ぎると、取締役会が情報不足に陥って監督が形骸化する懸念もある。実際には、各社が適度なバランスを保つための工夫を行っているようだ。例えばGSKはCEOの他に最高財務責任者（CFO）やワクチン事業の責任者が執行取締役となっている。また、バイエルやサノフィでは取締役を兼務しない執行役が取締役会に陪席している。

取締役会評価：GSK

取締役会の活動を掘り下げるため、取締役会評価についても見てみよう。日本でもコーポレートガバナンス・コード原則4－11及び同補充原則4－11③が取締役会評価を行うことを求めているが、従前の日本企業の慣行にない内容ということもあり、関心は高い。今回事例とした4社のうち、ファイザー、GSK及びサノフィの3社が取締役会評価を行っている旨を開示しているが、ここでは、プロセスや結果について詳細な開示を行っているGSKとサノフィの2社について見てみよう。まずはGSKからだが、同社の場合、取締役会全体に関する評価プロセスは以下の通りだ。

①総務役（Company Secretary）がアンケートを用意
②アンケートに取締役が回答
③総務役が各取締役に対してインタビューを実施
④総務役は上記の結果と推奨について議長と議論
⑤取締役会で議論し、改善すべき領域を特定

同社では、さらに議長及び非執行取締役といった個人に対する評価も行っている。非執

行取締役については議長との個別面談や相互評価に基づき、議長の評価については筆頭独立取締役が主導して実施している。

評価結果については、［1］2014年に実施した際の所見と、［2］翌15年における進捗、さらに［3］翌16年における活動のポイントが開示されている。［1］が行動計画で［2］がその進捗、［3］がそれを踏まえた新たな行動計画と位置付けられよう。［3］については以下の通りだ。

（1）戦略：新任取締役の支援、中長期的な戦略を議論するためのアレンジ、年次戦略会議の実効性の更なる向上

（2）後継者計画と非執行取締役の刷新：経営者の後継者計画にさらにフォーカス、非執行取締役の刷新

（3）Deep Dive（前掲の図表2-4参照）と施設見学：更なるDeep Diveの検討、営業拠点の見学

（4）株主：株主との対話の更なる強化をレビュー

（5）取締役会資料とロジスティクス：資料の精緻化、プレゼンテーションの時間を減らし、議論の時間を増やす、取締役の相互理解を進めるためのソーシャル・タイム

概ね、日本企業が取締役会評価を通じて抽出している課題と同様と言えるが、異なるのは（2）非執行取締役の刷新だろう。非執行取締役について経営経験や事業知識を考慮した人材ポートフォリオになっている点については上述の通りだが、同社では任期の長い非執行取締役が増えてきたこともあり、更なる見直しの必要性が指摘されているようだ。日本では後継者計画と言うとＣＥＯを対象とするものというイメージが強い（同社も課題として挙げている）が、欧米企業では非執行取締役の後継者計画も重要な課題として認識されている。日本企業では独立社外取締役の設置が広がってから日が浅いため問題視されることは少ないが、数年後には課題として浮上する可能性も指摘される。

なお、同社では、3年に1回は外部機関を採用することにしており、14年には外部機関が、15年は内部者（総務役）が議長及びＣＥＯの要請を受けて実施している。「評価」という語感から、日本では外部機関が独自の基準に基づいて取締役会について優劣を評価する役割を担うものとして受け止める声も聞かれるが、同社による外部機関の位置付けは「独立した外部の進行役（independent external facilitator）」であって、評価者ではない。第1章[5]でも述べたが、取締役会評価とは取締役会が自らの実効性向上のための課題や対応策を検討するものであって、外部機関はそのプロセスに客観性を与えることも含めて支援する役割を担う、と位置付ける方が自然だろう。

また、日本では社外役員だけからなる会合（欧米企業のエグゼクティブ・セッション）を利用して同評価について議論する事例が散見される。社外役員が社内取締役を評価するものとの解釈が背景にあると考えられるが、欧米では取締役会の大半が非執行取締役（日本の社外取締役に近い）ということもあり、このような評価者・被評価者の関係は見られない。むしろ、議長を含め、全ての取締役が評価の対象となる点が特徴と言える。

取締役会評価：サノフィ

同社は2015年に初めて取締役会評価のための独立コンサルタントを採用したことを明らかにしている。これは「最近のイベントを踏まえた」としているが、最近のイベントとは同社取締役会による（当時の）CEOの解任と現CEOの選任を指していると考えて間違いないだろう。各取締役に対してアンケートを行った後、独立コンサルタントがインタビューするという流れで取締役会評価を行っている。アンケートの主な設問は以下の通り。

▼ガバナンスの方法と体制
▼取締役会の実効性
▼委員会は取締役会にどのように認識されているか

▼取締役会の構成
▼取締役の資質と活動の慣行
▼取締役と経営陣幹部、株主、その他ステークホルダーとの関係

評価の結果については、「CEOの交代を経てガバナンスは大きく改善」「経営者と取締役会の関係も改善」とする一方で、以下3点について改善の余地があると指摘し、対応策を示している。

（1）企業とその運営、リスク、及び人材ポリシーについての一層の情報
（2）市場のトレンド、競争環境及びデジタル技術の影響に関する破壊的なシナリオについての、より頻繁な分析
（3）取締役会議長、CEO、及び執行役の後継者計画について詳細な検討

（1）と（2）は取締役会として戦略により深く関与するべき、との問題意識を反映していると考えられる。GSK及び日本企業と概ね同じ傾向と言えよう。また、（3）はGSKでも指摘されているが、同社については最近のCEO解任の反省の影響が大きいと考えられる。

4 欧米企業の現状❸：委員会

委員会の概要

指名・報酬・監査については経営者に利益相反が生じるため、独立性の高い場で議論する必要がある。日本の指名委員会等設置会社において、これらについての委員会を設置することが義務付けられているのはそのためだ。図表2-5に示す通り、今回事例とした4社も、これら3委員会を設置している。メンバーは議長を含め全て非執行取締役で、サノフィの報酬・監査委員会の各1名を除くと全て独立非執行取締役だ。サノフィについては大株主（仏ロレアル）の役員2名が独立していない非執行取締役となっており、同社の報酬・監査委員会ではそのうちの1人が委員を務めている。なお、バイエルやサノフィの取締役会が指名・報酬・監査について議論していることから分かる通り、これらの委員会は諮問機関と位置付けられ、最終的な決議は取締役会で行われることが多いようだ。

指名委員会と後継者計画

この中で最も重要とされるのが指名委員会だ。取締役の指名を通じてコーポレートガバ

図表2-5　委員会の設置状況（2015年）

		ファイザー	GSK	バイエル	サノフィ
指名		コーポレートガバナンス委員会	指名委員会	指名委員会（人材委員会）*	指名・ガバナンス委員会
報酬		報酬委員会	報酬委員会	人材委員会	報酬委員会
監査		監査委員会	監査・リスク委員会	監査委員会	監査委員会
上記以外	戦略・技術関連	科学・技術委員会		イノベーション委員会	戦略委員会
	コンプライアンス関連	規制・コンプライアンス委員会	企業管理・取引委員会		
	その他		▶企業責任委員会 ▶金融委員会	主宰委員会**	

（出典）各社資料よりEY総合研究所作成
*取締役の指名は指名委員会、執行役の指名は人材委員会が担う
**Presidial Committee

ナンス全体を議論する場となるためであり、ファイザーが指名委員会の名称をコーポレートガバナンス委員会としているのも、ファイザーを除く3社で取締役会議長が同委員会の委員長を務めているのも、そのような意識を反映したものと考えられる。なお、ファイザーで取締役会議長が同委員会の委員長を務めていないのは、取締役会議長をCEOが兼務しているためだろう。

指名委員会が担う重要な役割がCEOの後継者計画だ。近年、日本でも注目を集めつつあり、コーポレートガバナンス・コードも補充原則4－1③で取締役会が「最高経営責任者等の後継者の計画」について適切に監督することを求めている。サノフィは、CEOの解任という最近の経験を踏まえ、新CEOの

就任早々、後継者計画に着手することを明らかにしている。また、GSKは当時のCEOが17年3月を以って退任する意向を示したのを受けて指名委員会で正式に後継者探しに着手し、16年9月には同社コンシューマー・ヘルスケア部門のトップが内部昇格により次期CEOに就任することを発表している。

日本では、独立性の高い指名委員会が後継者計画を主導する点について、企業内部に抵抗もあるようだ。しかし、取締役会とCEOが対立するような特殊な事態を除けば、後継者計画は現任のCEOと指名委員会の共同作業である点を見逃すべきでない。サノフィは後継者計画をCEOと指名委員会が共同して取り組むプロジェクトであることを明らかにしているし、GSKは必要に応じてCEOが指名委員会に出席している。また、ファイザーはCEOが幹部の人事評価及び後継者としての潜在性についての情報を取締役会に提供しているが、これらは後継者計画における最も重要な情報だ。経営者から独立した指名委員会が一方的に後継者を選ぶということではない点、欧米企業の事例からも明らかと言えよう。

後継者計画について、もう1点、指摘しておきたい。日本では後継者計画＝CEOの後継者計画とのイメージが強いが、欧米企業の場合には非執行取締役の後継者計画も重要だ。人数で言えばCEOよりも非執行取締役の方が多いため、CEOが交代する直前を除けば後者の方が議論の頻度は多い可能性もある。

監査委員会とリスクの監視

コーポレートガバナンス・コードは「攻めのガバナンス」と「守りのガバナンス」に言及しているが、前者を担うのが報酬委員会、後者を担うのが監査委員会と整理できる。報酬委員会については次節で解説するとして、ここでは後者、監査委員会に注目する。不正の防止等の守りのガバナンスはコーポレートガバナンスにおいて最も分かりやすく、かつ責任の重いミッションだ。そのことは、GSKやサノフィが監査委員会の委員長の報酬を他の委員会に比べて高く設定していることにも表れている。

ファイザーでは、取締役会の監視の下で、経営者による全社リスク管理（ERM）プログラムを通じたリスクの評価と管理が行われ、さらに監査委員会がその一義的な責任を負う体制となっている。GSKも同様に取締役会の下で監査委員会がリスク管理及び内部統制の適切性と有効性をレビューし、承認する責任を負う体制を採っている。取締役会の活動において、リスクが（PDCAのうち）チェックの対象となっていることを示したが、監査委員会を中心としたこのような活動はリスク管理に関するプランと位置付けられよう。

その他の委員会

前掲の図表2-5を見ると、指名・報酬・監査というコーポレートガバナンスに必須とされる委員会以外にも、委員会が設置されていることが分かる。特に目立つのが、GSK以外の3社が設置している、戦略や技術に関連した委員会だ。上述の通り、取締役会として(PDCAのうち)プランへの関与が求められる中、製薬というやや特殊な知識が要求される事業特性を踏まえて設置されたものと考えられる。ただし、メンバーを見ると各社各様だ。ファイザーは非執行取締役全員が委員となっており、議長は医療関係の学者である筆頭独立取締役が務めている。科学技術に関連した知識を広く共有しようという意図が伺われるメンバー構成と言える。一方、バイエルのイノベーション委員会のメンバーは、取締役会議長と医療関係の学者の経歴を持つ取締役2名(うち1名が委員長)に従業員代表3名を加えた6名だ。こちらでは幅広い情報共有よりも議論の深耕に重きを置いているように見受けられる。サノフィの戦略委員会は取締役会議長を委員長とする6名からなるが、医療関係の学者3名のうち同委員会の委員となっているのは1名だけだ。製薬という事業特性を深耕するよりも、経営という視点から戦略を議論するのに適したメンバー構成と言える。

5 欧米企業の現状❹：役員報酬（CEO）

2015年の実績

欧米企業の役員報酬に対するイメージといえば、とにかく高額で、かつ業績や株価に連動する変動報酬が多い、といったものではないだろうか。2015年の実績を見ると（図表2－6）、最も低額なバイエルでも8・8億円、最も高額なファイザーでは23・4億円に達している。固定報酬は全体の一部を占めるにとどまり、大半は変動報酬、特に長期の変動報酬だ。概ねイメージと相違ないと言える。

GSKの役員報酬

しかし、欧米企業の役員報酬は多くの工夫が凝らされており、このような単純なイメージだけで片付けるべきものではない。報酬に関連する情報開示が最も豊富なGSKの事例で解説しよう（図表2－7）。注目すべきは、①短期志向を回避するための工夫、②成果を正確に測るための工夫、③プランを反映する工夫、の3点だ。

まず①についてだが、パフォーマンス・シェア・プラン（PSP）は3年間の成果を表す

図表2-6　CEOに対する役員報酬（2015年）

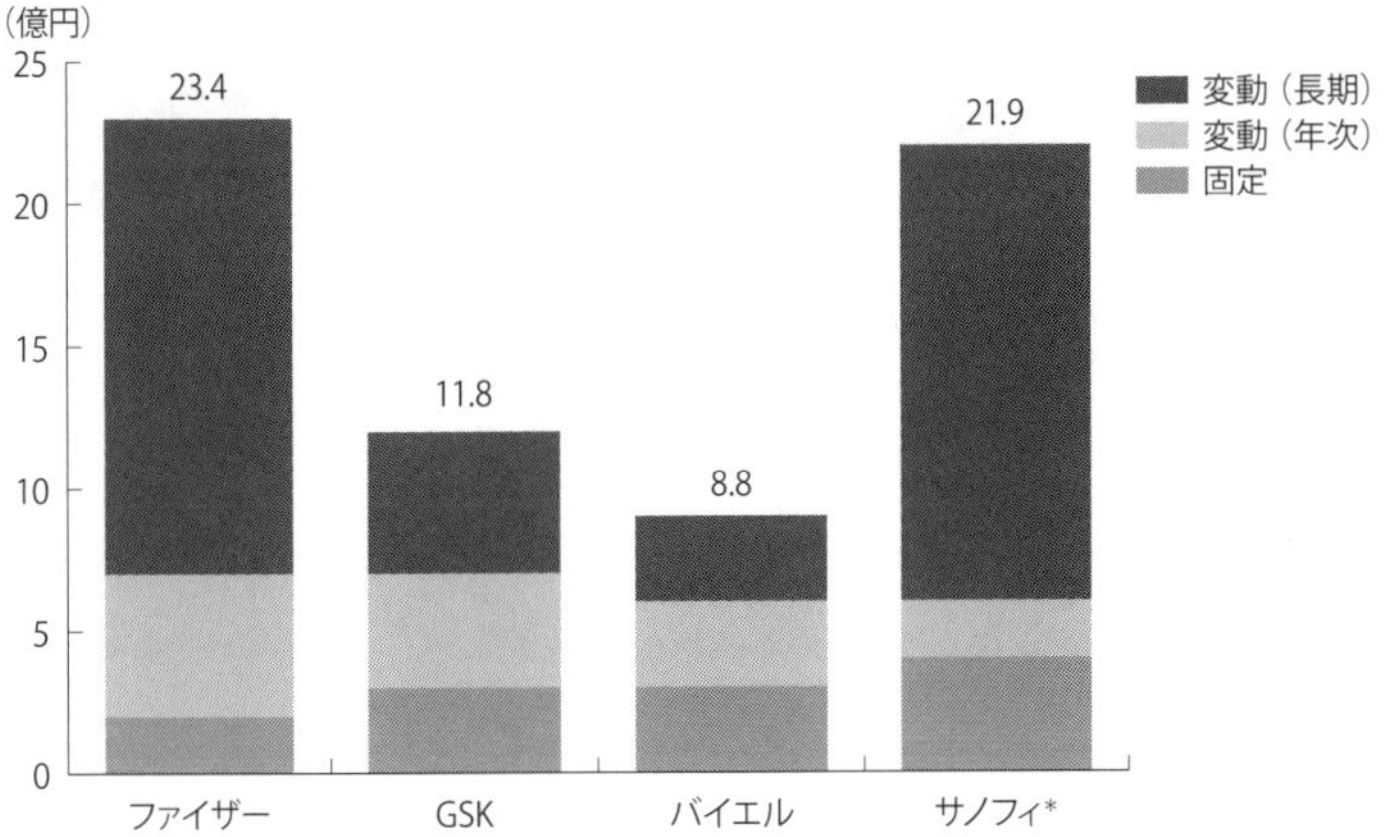

（注）各社の開示に基づく。各社により算出方法が異なる部分があるため、厳密な比較でない点に注意。為替レートはQUICK/FACTSET（2015年末時点）
（出典）各社資料よりEY総合研究所作成
*新任CEO着任に伴う特別報酬を固定報酬に含む。変動（長期）は業績等の条件を達成した場合の価値

指標に基づいて測定され、さらに2年間の繰り延べ期間を経ないと受給権が発生しない。マルス（減額）及びクローバック（回収）条項が付いているため、この間に不正が発覚すると成果報酬部分は減額あるいは回収されてしまう可能性がある。加えて、年次賞与についても25％以上は繰り延べて3年後に株式で受け取る設計になっている。成果報酬の割合が高いからといって、短期的な業績や株価に目を奪われる、ましてや不正に手を染める訳にはいかない設計と言える。

②と③については、「参照する指標」に集約されている。まず、②についてだが、同社はグローバル企業のため、営業利益等の業績指標については為替変動の影響を免れないが、ここではその影響を除いた数値を用いている。

図表2-7　CEOに対する役員報酬（GSK）

固定報酬		成果報酬（Pay for performance）	
給与	年金等	年次賞与	パフォーマンス・シェア・プラン（PSP）

	年次賞与	パフォーマンス・シェア・プラン（PSP）
期間	1年（最低25%を繰り延べ義務（3年間、最高50%）。繰り延べ部分にはマッチング有り）	3年（2年間繰り延べ）
参照する指標	①コア営業利益（75%） ②コアPBIT（税・利払い前利益、25%） ③戦略的優先事項（達成状況に応じて個人成果乗数を算出。①②の加重平均に乗じて算出） ▶高度・複雑なM&A案件の完了 ▶新製品の成果（売上）の加速 ▶革新的な研究開発のポートフォリオ 等	①研究開発新製品（〈直前2年間を含む〉5年間にわたる新製品の売上） ②調整済フリー・キャッシュフロー ③相対株式総利回り（同業9社対比） ※ウェイトは各33% ※年次賞与のマッチング部分も上記と同様
現金／株式	現金*（繰り延べ部分は株式）	株式
支給額（給与比）	ターゲット：125%（上限：200%）	上限：600%

（出典）同社資料よりEY総合研究所作成
*開示資料に明記されていないが、文脈より筆者が判断

③については、目先の業績には直結しない要因も報酬に反映される点に表れている。例えば、「高度・複雑なM&A案件の完了」は目先の業績とは関係なく、プランに従ってやり遂げなくてはならないものだ。その他、新製品や研究開発といった将来に向けた取り組みについても、進捗が成果報酬に反映される設計になっている。

このような複雑な役員報酬を設計するためには、重要な前提条件がある。それはプラン、すなわち企業としてどのような姿を目指すのか（目指す姿）、そのために何をするのか（取り組み）、が時間軸に沿って明確に示されていることだ。目指す姿が短期であれば話は

簡単だ。例えば、「足元において稼げる企業」が目指す姿であれば、それが実現されたか否かを単年度の利益等で測定し、役員報酬に反映させればよい。一方、長期的に目指す姿については実現し成果を得るまでに時間がかかるが、その間の取り組みを役員報酬に反映させないのではインセンティブにならないため、ひと工夫が必要だ。そこで、長期的に目指す姿を実現するための取り組みを示し、さらにその進捗を示すマイルストーンを設定する。このマイルストーンを達成できたか否かによって役員報酬を算出すればインセンティブとなる。図表2-7のGSKの事例（年次賞与）で言えば、短期的に目指す姿は①コア営業利益や、②コアPBITといった業績指標、長期的に目指す姿の実現に向けた取り組みのマイルストーンは、③戦略的優先事項によって測定されることになる。プランをこのように時間軸に沿って明確に示すことができれば、チェックも自ずと容易になる。複雑な役員報酬は、本章3で言及したPDCAによる監督が機能していることの証左と言えよう。

なお、他の3社については参照する指標を中心に本章末に掲載する。関心のある読者は参照されたい。

報酬委員会の役割

役員報酬については常に「お手盛り」の疑念が付きまとうのは避け難いため、報酬委員会が独立した立場から関与する必要がある。特に、ＧＳＫの事例で示した通り、欧米企業では変動報酬の比率が高く、かつ利益や株価を当てはめれば機械的に報酬額が算定されるような単純な設計にもなっていない。ファイザーやＧＳＫでは報酬委員会あるいはその委員長の名前で報酬報告書が提出されており、そこではＣＥＯを含む経営者に対する業績評価と報酬の算定根拠が記されている。複雑な報酬体系を機能させるため、さらには独立性を高めるため、報酬委員会が外部機関（いわゆる報酬コンサルタント）を採用するケースもあるようだ。実際、ファイザー、ＧＳＫ、及びバイエルは外部機関を採用したことを明らかにしている。

6 欧米企業の現状：小括

ここまで、欧米企業のコーポレートガバナンスの現状を解説した。日本企業への示唆を見据え、重要なポイントをまとめると以下の通りだ。

①独立非執行取締役中心のメンバー構成、議長とＣＥＯの分離（あるいは筆頭独立取締役の設置）等、執行と監督の分離が進んでおり、取締役会は監督機能を担う機関（モニタリ

ング・ボード）として整備されている。

②取締役会の独立性を確保すると同時に、執行役が取締役会や委員会に出席する等、情報力を保つための配慮を行っている。

③非執行取締役について、監督機能に求められる資質や多様性を備えるよう、人材ポートフォリオが形成されている。

④取締役会の活動は、経営に対するプランとチェックが中心になっている。

⑤プランにおいては、目指す姿とそれを実現するための取り組みが、時間軸に沿って整理されている。加えて、外部環境、経営資源の配分を重視し、議論を行っている。

⑥目指す姿だけでなく、目指さない姿（リスク）に関するプランとチェックも行われている。

⑦指名・報酬・監査について委員会を設置している。ただし、意思決定は取締役会で行っている。また、指名・報酬・監査はプラン及びチェックと一体と位置付けられている。

⑧プランの策定や後継者計画等重要なテーマについては、経営者と（独立性の高い）取締役会や指名委員会が共同して取り組んでいる。

取締役会の監督機能に求められるものとは

ここまで、本書では取締役会の監督機能に何が求められるのか、について明言しないまま、議論を行ってきたが、上述の①〜⑧からその答えが浮かび上がってくる。すなわち、監督機能に求められるのは「プランとチェックを通じて経営に関するPDCAが機能するよう経営者を促す」ことだ。ここで求められる「プラン」や「チェック」を図示すると、図表2-8のようになる。「目指す姿」とそれを実現するための「取り組み」からなるプランを、成果あるいはマイルストーンに基づいてチェックする。欧米企業ではリスク管理に関してもプランとチェックが行われていることから、回避すべきリスクの顕在化を「目指さない姿」とし、それを顕在化させないための「取り組み」もプランの一部と位置付けられる。さらにプランにおいて求められるのは、この「目指す姿」「目指さない姿」「取り組み」を(1)外部環境に対する認識を明確にし、(2)経営資源の配分を含め、(3)時間軸に沿って整理することだ。この図表2-8と後掲の図表3-10を見比べると、監督機能に求められるものと、適切なROE経営のために日本企業に求められるものが一致していることが分かるはずだ。経営者が適切なROE経営に邁進し、それをモニタリング・ボードである取締役会が監督する、これが欧米企業のコーポレートガバナンスの本質であり、日本企業に対する最大の示唆と言えるのではないだろうか。

図表2-8　取締役会の監督機能に求められるプランとチェック

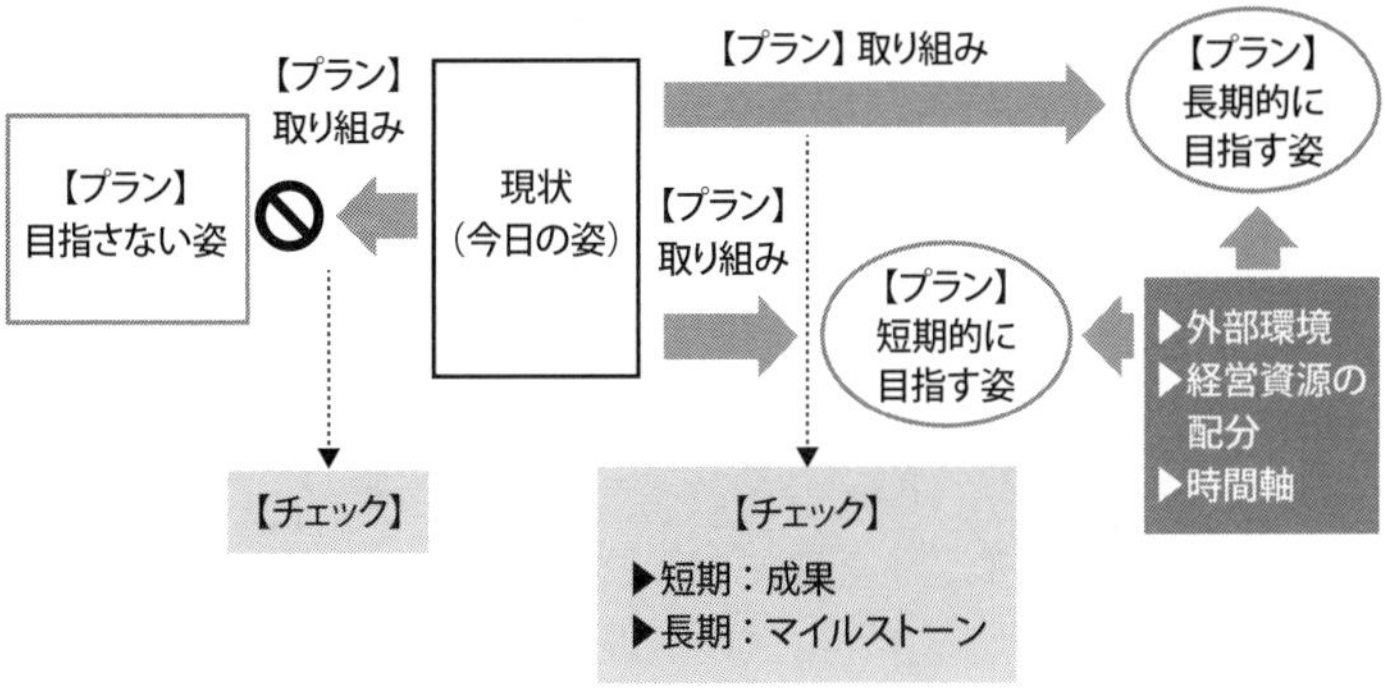

（出典）EY総合研究所作成

このようなＰＤＣＡを経営者が自身の取り組みとして機能させることも重要だが、それだけでは不十分だ。経営者が策定し実行（ドゥ）したプランについて、チェックやアクションの段階で修正する必要が生じた場合、プランの修正が自己否定につながることを嫌う経営者、あるいはそんな経営者の心理を忖度《そんたく》した社内の経営幹部が、プランの修正を躊躇《ちゅうちょ》する可能性は否定し難い。特に経営資源の再配分のような社内の抵抗を受けやすいプランの修正についてその可能性は高くなることが懸念される。

また、ＰＤＣＡの結果を経営者の責任・評価、すなわち指名（選解任）・報酬に反映することも忘れてはならない。経営者が目指す姿等を示しＰＤＣＡを機能させている場合、短期的に業績が不振に陥ったとしてもそれだけを理由に解任するのは適切ではない。一方で、ＰＤＣＡを機能させる意思のない経営者については、たとえ短期であっても業績不振に陥れば責任を問う必要がある。特に「目指さない姿」、すなわちリスクに対して適切なＰＤＣＡを機能させない経営者については、たとえ足元の業績が良い場合でも責任を問うことも検討すべきだろう。こうして考えると、独立した立場から経営者に対してＰＤＣＡを促す、すなわち独立性の高い取締役会による監督機能が必要であることが分かるはずだ。

このような監督機能が、経営者の意識の変革を促す点も注目に値する。図表2−8を経営者の立場から見ると、取締役会における議論を経て自らが設定した成果・マイルストーンの達成にコミットし（プラン）、その達成に全力を尽くす（ドゥ）とともに、説明責任を果たす（チェック・アクション）ことを要求されることになる。さらに自らの選解任・報酬や後継者については取締役会（あるいは委員会）における公正・透明な議論に委ねられる。これは経営者にプロフェッショナルとしての意識を持って経営に当たることを求めるものと言えよう。従前の日本企業の経営者について「年功昇進の結果、到達した『成功した労働者』」とする指摘[10]も聞かれるが、今後はコーポレートガバナンスの強化ひいては取締役会の監督機能の強化を受け、経営者像は大きく変わることが期待される。

7

日本企業のコーポレートガバナンスはどうあるべきか？

日本企業には監督機能が必要

第1章②において、日本企業には透明・公正な意思決定が求められることを指摘した。具体的には外部環境の変化を含めた客観的な現状分析とそれに基づく目的の明確化、目的を達成するための取り組みについて考え得る選択肢の列挙、各選択肢のリスクとリターンの精査とそれに基づいた合理的な選択といった一連のプロセスを踏むこと、さらにはこれを社内の経営者の暗黙の了解や根回しではなく、正式な会議体における議論を通じて行うこと、である。このような意思決定を支える仕組みとして、前節で述べた監督機能を担う取締役会が適しているのは明らかだろう。また、前節で述べた（1）〜（3）を前掲の図表序-1で示した日本企業の現状に当てはめると、（1）新陳代謝の遅れという外部環境を直視し、（2）事業再編を含む経営資源の再配分に、（3）先送りすることなく適切な時間軸にしたがって取り組むこと、ということになる。欧米企業のベスト・プラクティスから得られた

（10）八代尚宏（2015）『日本的雇用慣行を打ち破れ――働き方改革の進め方――』（日本経済新聞出版社）より。

示唆ではあるが、その模倣ではなく、日本企業が現状において抱える課題を解決するために求められるのが取締役会の監督機能の強化なのである。

この方向性は、コーポレートガバナンス・コードとも一致する。例えば、同コードは原則4−1において、取締役会の主要な役割・責務として「会社の目指すところ」や「戦略的な方向付け」に言及しているが、これは上述の「目指す姿」やそのための「取り組み」に相当する。同じく原則4−2で言及している「適切なリスクテイクを支える環境整備（原則4−2）」は「目指さない姿」とそのための「取り組み」だ。原則4−3では「経営陣・取締役に対する実効性の高い監督」と監督機能に言及したうえで、「経営陣幹部の人事」すなわち指名・報酬に反映させることを求めている。

（遠くない）将来にモニタリング・ボードへ

一方で、監督機能に特化したモニタリング・ボードへの移行についてはどうだろう。コーポレートガバナンス・コードの原則4−8で独立社外取締役の人数・比率について2名以上、あるいは3分の1以上とするにとどめており、欧米企業のように大半を独立非執行取締役が占めるところまでは要求していない。当面は執行機能に軸足を置くマネジメント・ボードの枠内で監督機能の強化に取り組むことを容認しつつ、モニタリング・ボードへの移行については企業の自主的な判断に委ねるのが同コードのスタンスだ。

しかし、コーポレートガバナンスの強化、特に取締役会の監督機能の強化が、企業が稼ぐ力を取り戻すための取り組みであることを忘れてはならない。監督機能の強化を中途半端な取り組みで終わらせるべきではなく、将来的にはモニタリング・ボードへ移行することを視野に入れておくべきだ。実際、第1章5で見た通り、すでに一部企業ではモニタリング・ボードへの移行を検討する動きが見られている。「将来的」と言っても、非現実的なほど遠い将来の話ではない、と考えるべきだろう。

日本型のコーポレートガバナンスはモニタリング・ボードの枠内で追求

モニタリング・ボードへの移行を「欧米企業の模倣に過ぎない」とし、日本独自のコーポレートガバナンスあるいは取締役会の在り方の確立を求める声も聞かれる。しかし、上述の通り日本企業にこそ監督機能の強化、さらにはそれに特化したモニタリング・ボードへの移行が必要であることを見逃してはならない。加えて、欧米企業の模倣であること自体にも一定の価値がある。コーポレートガバナンスを担う取締役会の在り方について、株式市場のコンセンサスは欧米企業に体現されるモニタリング・ボードであり、その枠組みを取り入れることで日本企業に対する株式市場の信頼を高めることができる。逆に、その枠組みを外れたものを確立したとしても、それが欧米企業を上回る成果につながることを実績で示せない限り、株式市場の信頼を得るのは困難だろう。日本型のコーポレートガバナンスを追求するのは価値のある取り組みと言えるが、それは監督機能の向上、さらにはモニタリング・ボードへの移行という方向性の中で行うべきだろう。

実際、本章の4社の事例で示した通り、モニタリング・ボードと言っても一様ではない。例えば、本章③で述べた独立性の高い取締役会の情報力を高める取り組みとして、執行取締役を（他の欧米企業に比べて）多くしたり、執行役が取締役会や委員会に出席したりと欧米企業でも各社によって取り組みはさまざまだ。実際、日本企業において社内者だが業務管掌を持たない非執行取締役を設置し、独立社外取締役と協力して監督機能に当たる例も見られている。その他、独立社外取締役の人数や比率、独立社外取締役に求められる資質や多様性の考え方、独立社外取締役に対する支援、役員報酬の設計、等工夫の余地は多い。

具体的な取り組みについては、各社の事情を考慮して漸進的に進める必要がある。実際、上場企業の取締役（CEOや独立社外を含む）は個性的な人物が多く、個人としての特性の影響も軽視し難い。現状をベースに、監督機能の強化、さらにはモニタリング・ボードへの移行という方向性を十分に意識して取り組みを検討する必要がある。現状の課題抽出から対応策を導出する、という取締役会評価の場を活用するのも有効だろう。

（参考）欧米企業の現状：個別編

（米）ファイザー

ファイザーは、米国のニューヨーク市に本社を構える、従業員9万7900名の大企業だ。1849年に従兄弟同士のチャールズ・ファイザーとチャールズ・エアハルトがニューヨーク市ブルックリンに設立した化学会社が出発点となっている。「より健康な世界の実現のために貢献する」という理念の下、新薬だけでなく特許の切れたエスタブリッシュ医薬品にも取り組んでいる。

同社のコーポレートガバナンスは、CEOが唯一の執行取締役として議長を務め、その他は全て独立非執行取締役という米国企業の典型的な特徴を備えている。米国企業の場合、コーポレートガバナンス関連の開示は年次報告書ではなく、招集通知（Proxy Statement）によって行うこともあり、情報開示は議案や投資家の関心の高いテーマが中心となる。例えば、CEOが議長を務めるメリットや筆頭独立取締役の役割、役員報酬の決定プロセスの客観性（報酬委員会や外部機関の役割を含む）等だ。逆に、取締役会の活動や取締役会評価の結果等の欧州企業（特に英国企業）が多くの頁を割くテーマについての開示は多くないのが通常であり、その点については同社も同様だ。本編の取締役会の活動について同社の事例が少ないのはそのためだ。

図表2-9　ファイザーのコーポレートガバナンス（2015年）

<table>
<tr><td>社名・所在地・設立年</td><td colspan="2">Pfizer Inc. 米国ニューヨーク市 1849年</td></tr>
<tr><td>概要（同社HPより）</td><td colspan="2">ヘルスケア分野における世界のリーディングカンパニー</td></tr>
<tr><td>事業の状況
（2015年）</td><td colspan="2">▶時価総額：199,281百万米ドル（239,725億円）
▶売上：48,851百万米ドル（59,141億円）*
▶グローバル・イノベーティブ医薬品：29%
▶グローバル・ワクチン・オンコロジー・コンシューマー・ヘルスケア：26%
▶エスタブリッシュ医薬品：44%
▶純利益：6,960百万米ドル（8,426億円）
▶ROE：10.2%、DEレシオ：0.60倍</td></tr>
<tr><td>取締役会の名称</td><td colspan="2">Board of Directors</td></tr>
<tr><td>取締役会の構成</td><td colspan="2">▶執行取締役：1名（CEO）
▶非執行取締役：11名（うち独立：11名）</td></tr>
<tr><td>執行役</td><td colspan="2">12名（Executive Leadership Team）</td></tr>
<tr><td>議長</td><td colspan="2">CEO
▶筆頭独立取締役：有
▶エグゼクティブ・セッション：有</td></tr>
<tr><td>取締役会の開催回数</td><td colspan="2">13回 ※14年は16回、13年は6回</td></tr>
<tr><td>取締役の多様性</td><td colspan="2">女性：3名、外国人：NA</td></tr>
<tr><td>非執行取締役の経歴</td><td colspan="2">経営者：8名、学者：3名、専門家（会計）：1名（重複あり）</td></tr>
<tr><td>指名・報酬・監査に関する委員会</td><td colspan="2">▶指名：コーポレートガバナンス委員会（開催回数：7回、委員数：4名）
▶報酬：報酬委員会（開催回数：8回、委員数：4名）
▶監査：監査委員会（開催回数：11回、委員数：5名）</td></tr>
<tr><td>役員報酬
（参照する指標）</td><td>短期
▶財務指標：
収益、EPS、営業CF
▶定性要因：
パイプラインの状況等</td><td>長期
▶絶対株価総利回り（5年、7年）
▶営業利益及び相対株価総利回り（3年、後者はNYSE ARCA Pharmaceutical Index対比）
※自社株報酬（上段がTSR〈株式総利回り〉ユニット、下段がパフォーマンス・シェア・アワード）</td></tr>
</table>

（出典）QUICK/FACTSET及び同社資料よりEY総合研究所作成
*部門間の調整や四捨五入の都合上、各セグメントの合計は100%にならない

なお、同社の取締役会の開催回数だが、13年は6回に過ぎなかったが、14年及び15年は16回及び13回と多くなっている。14・15年は2年続けて大型のM＆A案件があったために臨時開催が増えた可能性が指摘される。定期開催に限定すると、13年の6回程度と見るのが合理的だろう。

（英）GSK

GSKは、英国のブレントフォードに本社を構える、従業員10万1255人の大企業だ。グラクソ・ウエルカムとスミスクライン・ビーチャムの合併により誕生しているが、起源は1715年にロンドンで設立されたプラウ・コート・ファーマシーまで遡る。「科学に根ざしたグローバルヘルスケア企業」を掲げ、医療用医薬品、コンシューマー・ヘルスケア、ワクチンを手掛ける。近年は事業ポートフォリオの再編を進めており、2015年にはスイスのノバルティスに対してオンコロジー事業を売却し、ワクチン事業（インフルエンザを除く）を買収、合弁会社を設立してコンシューマー・ヘルスケア事業を移管する、という事業交換を実施している。ROEが179％と非常に高い一方で、DEレシオが3倍を超えている。積極的な株主還元で自己資本を圧縮し、ROEを高めている格好だ（ただし、A＋〈長期、S&P〉及びA2〈同、ムーディーズ〉と高い格付けを維持している。実際、DEレシオは高いものの、有利子負債は純利益の2年分に収まっている）。

ＧＳＫは情報開示に積極的で、コーポレートガバナンスのベスト・プラクティスとして取り上げられることも多い。執行取締役が３名と他の事例に比べて多いのが特徴と言える。各委員会に経営者が同席することも多く、執行と監督を分離する一方で、両機能の距離感に配慮しているようだ。15年は取締役会を５回は臨時開催しているが、これは上述の事業交換について議論するためのようだ。

当時のＣＥＯは51歳と日本企業の経営者ならばかなり若い部類に入るが、既に２０１７年３月に退任する意向を表明している。指名委員会を中心に人材紹介会社も採用し、内外の候補者を検討した結果、16年９月20日にコンシューマー・ヘルスケア部門でトップを務める女性が内部昇格により次期ＣＥＯに就任することを発表している。グローバル製薬大手企業で女性がＣＥＯに就くのは初めてということに加え、事業ポートフォリオの見直しを進める同社において医薬品ではなくコンシューマー・ヘルスケア部門出身であることから、メディアからも注目されている。なお、内部昇格とは言っても同社に入社したのは２０１０年であり、日本的な意味での「生え抜き」とは異なる。

図表2-10　GSKのコーポレートガバナンス（2015年）

社名・所在地・設立年	GlaxoSmithKline plc 英国ブレントフォード市 1999年
概要（同社HPより）	科学に根ざしたグローバルヘルスケア企業
事業の状況（2015年）	▶時価総額：66,824百万ポンド（118,480億円） ▶売上：23,923百万ポンド（44,249億円） ▶グローバル医薬品：50% ▶HIV：10% ▶ワクチン：15% ▶コンシューマー・ヘルスケア：25% ▶純利益：8,422百万ポンド（15,578億円） ▶ROE：179.6%、DEレシオ：3.25倍
取締役会の名称	Board of Directors
取締役会の構成	▶執行取締役：3名（CEO、CFO、Chairman〈ワクチン事業担当〉） ▶非執行取締役：11名（うち独立：11名）
執行役	12名（Corporate Executive Team）
議長	独立非執行取締役 ▶筆頭独立取締役：有 ▶エグゼクティブ・セッション：NA
取締役会の開催回数	11回（うち臨時開催5回）
取締役の多様性	女性：4名、外国人：8名
非執行取締役の経歴	経営者：9名、学者：2名、専門家（法律）：1名、コンサルタント：1名（重複あり）
指名・報酬・監査に関する委員会	▶指名：指名委員会（開催回数：6回、委員数：5名） ▶報酬：報酬委員会（開催回数：6回、委員数：5名） ▶監査：監査・リスク委員会（開催回数：6回、委員数：5名）
役員報酬（参照する指標）	短期 ▶コア営業利益 ▶コアPBIT（税・利払い前利益） ▶戦略的優先事項 ▶高度に複雑な案件の完了 ▶新製品の成果（売上）の加速 ▶ワクチン及び消費者向けヘルスケアへの新規事業の統合の進捗 等 ※最低25%を繰り延べ義務（3年間、最高50%）。繰り延べ部分にはマッチング有り 長期 ▶研究開発新製品（〈直前2年間を含む〉5年間にわたる新製品の売上） ▶調整済フリー・キャッシュフロー ▶相対株式総利回り（同業9社対比） ※3年（2年間繰り延べ）、自社株報酬（パフォーマンス・シェア・プラン）

（出典）QUICK/FACTSET及び同社資料よりEY総合研究所作成

(独)バイエル

バイエルは、ドイツのレバークーゼンに本社を構える、従業員11万6800名の大企業だ。1863年に実業家フリードリヒ・バイエルと染物師のヨハン・フリードリヒ・ウェスコットが設立した染料工場が出発点となっている。鎮痛剤のアスピリンを開発したことでも有名。「ヘルスケアと農業関連のライフサイエンス領域を中核事業とするグローバル企業」を掲げ、医薬品の他、コンシューマー・ヘルスやクロップサイエンス(種子、農薬、非農業害虫駆除)を手掛ける。近年では素材科学事業を分離する一方でクロップサイエンス事業において大型の買収提案を行う等、事業ポートフォリオの再編にも取り組んでいる。

同社のコーポレートガバナンスの特徴は、同国の法規制の影響を強く受けていることだ。特に監督機関である取締役会(本章1で述べた通り、監査役会と訳されることが多い)と執行機関である執行役会がともに法定され、かつ両機関を兼務することが認められない方式は二層式と呼ばれ、同国固有の特徴として指摘されることが多い。また、株主代表10名に従業員代表10名を加えた20名という構成も法律の要請によるものだ。同社の指名委員会は取締役の指名を担うが、上記の通り執行取締役が法定で認められないため、指名委員会は執行役の指名には関与せず、報酬委員会(同社の場合は人材委員会)が担っている。

議長は「独立」非執行取締役ではあるが、2010年までは同社のCEOを務めた人物だ。

図表2-11　バイエルのコーポレートガバナンス（2015年）

社名・所在地・設立年	Bayer AG ドイツ レバークーゼン市 1863年
概要（同社HPより）	ヘルスケアと農業関連のライフサイエンス領域を中核事業とするグローバル企業
事業の状況 （2015年）	▶時価総額：95,761百万ユーロ（126,006億円） ▶売上：46,324百万ユーロ（62,191億円）* 　▶医薬品：33% 　▶コンシューマー・ヘルス：13% 　▶クロップ・サイエンス：22% 　▶アニマル・ヘルス：3% 　▶Covestro（素材科学）：25% ▶純利益：4,110百万ユーロ（5,518億円） ▶ROE：18.5%、DEレシオ：0.82倍
取締役会の名称	Supervisory Board（日本では監査役会と訳されることが多い）
取締役会の構成	▶株主代表：10名 　▶執行取締役：0名 　▶非執行取締役：10名（うち独立：10名） ▶従業員代表：10名
執行役	8名（Board of Management）
議長	独立非執行取締役　※ 2010年までは同社のCEO ▶筆頭独立取締役：NA ▶エグゼクティブ・セッション：NA
取締役会の開催回数	6回　※執行役は定期的に取締役会に出席
取締役の多様性	女性：2名、外国人：2名（株主代表のみ）
非執行取締役の経歴	経営者：8名、学者2名（株主代表のみ）
指名・報酬・監査に関する委員会	▶指名：指名委員会（開催回数：数回、委員数：2名） ▶報酬：人材委員会（開催回数：2回、委員数：4名〈うち株主代表は2名〉） ▶監査：監査委員会（開催回数：4回、委員数：6名〈うち株主代表は3名〉）
役員報酬 （参照する指標）	短期 ▶グループ要素（コア1株当り利益） ▶サブグループ要素（EBITDA（税・利払い前利益）マージン、売上成長、CFROI**、安全、コンプライアンス、及び持続可能性） ▶個人要素 ※50％は3年間繰り延べ、その間の株価に連動した金額が現金で支払われる 長期 ▶絶対株価 ▶相対株価 （Euro Stoxx 50 Benchmark Index対比） ※期間はともに4年間。支払いは現金

（出典）QUICK/FACTSET及び同社資料よりEY総合研究所作成
*一部を省略しているため、各セグメントの合計は100%にならない
**Cash Flow Return On Investment

日本では当該企業の業務執行者は10年を経過しないと会社法上の社外取締役に就任できないため、同氏の独立性に疑問を持つ読者もいるかもしれない。同社は同国のコーポレートガバナンス・コード及び欧州委員会の推奨を参考に判断したことを明らかにしているが、前者によると執行役を退任した後2年を経過すれば取締役になることができ、後者によると5年を経過すれば独立と見なされる。同社の2014年の年次報告書では議長を含む取締役の独立性について明記していないが、CEOを退任した後5年が経過した15年の年次報告書では「全取締役が独立」と明記している。同社の独立性の判断には、欧州委員会の推奨が強く影響している可能性が指摘されよう。

役員報酬については、他の欧米企業のように株式で支払う形式は導入していないが、株価に連動した金額を現金で受け取る報酬を導入するとともに、株式保有ガイドラインを通じて給与の一定比率（CEOの場合は150％）の同社株式の保有が求められる。これらの部分については、経済的には株式で支払われたのと同じと言える。経営者は株式市場からの評価を軽視するわけにはいかないという意味では他の欧米企業と同様と言える。

(仏) サノフィ

サノフィは、フランスのパリに本社を構える、従業員11万人以上の大企業だ。サノフィという名称の企業は１９７３年に３つの企業が合併して誕生しているが、同社のホームページによると出発点は１８８５年のパスツールによるワクチン開発まで遡る。数多くのM&Aを経て現在に至っているが、２００４年にアベンティスを買収してサノフィ・アベンティスとなった後、11年に社名をサノフィに戻して今日に至っている。「グローバル・ライフサイエンス企業」を掲げ、医薬品及びワクチン事業を手掛ける。

同社の取締役会は14年10月29日に当時のＣＥＯを解任し、翌15年２月19日に新ＣＥＯの指名を行っている。新ＣＥＯはバイエルで幹部を務めていた人物だ。この間、取締役会議長を務めていた独立非執行取締役が暫定的にＣＥＯを兼務していたが、新ＣＥＯ就任後は元の立場に戻っている。14年の取締役会評価では、一部の戦略的プロジェクトに関する情報や後継者計画等についての不満が示されており、これが当時のＣＥＯ解任につながったようだ。新ＣＥＯ就任後の取締役会評価ではコーポレートガバナンスの改善が指摘されると同時に、事業に関する情報や後継者計画について改善の余地が指摘され、早速、対応策が実施されている。14、15年は取締役会の開催回数が11回とやや多くなっているが、上記のような解任から指名に至るプロセスでの臨時開催があったと考えられる。定期開催に限定すると、13年の８回程度と考えるのが自然だろう。

非執行取締役13名のうち２名は大株主のロレアルの幹部であり、独立していないと判断

図表2-12　サノフィのコーポレートガバナンス（2015年）

社名・所在地・設立年	Sanofi フランス パリ市 1994年
概要（同社HPより）	グローバル・ライフサイエンス企業
事業の状況 （2015年）	▶時価総額：102,623百万ユーロ（134,103億円） ▶売上：34,542百万ユーロ（46,373億円） ▶医薬品：86% ▶ワクチン：14% ▶純利益：4,287百万ユーロ（5,755億円） ▶ROE：7.5%、DEレシオ：0.29倍
取締役会の名称	Board of Directors
取締役会の構成	▶執行取締役：1名（CEO） ▶非執行取締役：13名（うち独立：11名）
執行役	13名（Executive Committee）
議長	独立非執行取締役 ▶筆頭独立取締役：NA ▶エグゼクティブ・セッション：有
取締役会の開催回数	11回※14年は11回、13年は8回
取締役の多様性	女性：5名、外国人：5名
非執行取締役の経歴	経営者：9名、学者：3名、専門家（法律）：2名（重複あり）
指名・報酬・監査に関する委員会	▶指名：指名・ガバナンス委員会（開催回数：6回、委員数：4名） ▶報酬：報酬委員会（開催回数：6回、委員数：4名） ▶監査：監査委員会（開催回数：6回、委員数：4名）
役員報酬 （参照する指標）	短期 ▶財務：売上成長、事業純利益の成長 ▶糖尿病フランチャイズの改善と米国における新製品の開始 ▶新製品の登録・提案（予算比） ▶戦略的計画のレビュー ▶役割の引き継ぎ 長期 ▶事業純利益（調整済純利益） ▶総資産利益率（ROA） ▶相対株式総利回り（同業10社対比） ※期間は3年間。自社株報酬（ストック・オプション及びパフォーマンス・シェア・アワード）

（出典）QUICK/FACTSET及び同社資料よりEY総合研究所作成

されている。また、同国では従業員が持株会等を通じて3%以上の株式を保有する場合には、従業員の代表者を取締役とすることが求められる。同社はこの水準に達していないが、従業員の代表者5名が取締役会に陪席している（決議には参加しない）。

第3章

「稼ぐ力」を取り戻すための適切なROE経営

1 「適切な」ROE経営が求められている

ここまでコーポレートガバナンスについて論じてきたが、本章では視点を企業の稼ぐ力に移す。注目するのは企業の稼ぐ力を測る指標としてのROEと、そのROEを重視する経営（ROE経営）だ。ROEについては株主を利するだけで他のステークホルダーのためにならない、との批判も聞かれるが、ROE経営が適切に行われれば、資金配分の最適化を通じて経営資源の再配分を促し、個々の企業だけでなく経済全体を活性化させる効果が期待される。このような「適切な」ROE経営が、第1・2章を通じて述べてきたコーポレートガバナンスの強化に求められる取り組みと表裏一体であることを示すことが本章の目的だ。

日本企業にとって、ROEは新しい指標ではない。筆者が若い頃に読んだテキスト[11]によると、日本でも1992-93年頃には関心が高まり始めていたようだ。近年において改めて注目されるようになったのは2014年、契機となったのは伊藤レポート[12]だろう。同レポートは「グローバルな投資家と対話する際の最低ライン」としてROEについて8％という水準を示している。さらに日本再興戦略（2014）がコーポレートガバナンス改革の目安として「グローバル水準のＲＯＥの達成」を掲げたほか、ＩＳＳは２０１５年２月より資本生産性基準(13)を導入している。ＩＳＳは同基準において「投資家が許容できる最低限の資本生産性の水準」として５％という水準を示し、過去５年平均及び直近のＲＯＥがこの水準を下回る企業について、株主総会における経営トップの選任議案に反対推奨を出す方針を示している。

日本企業の実績を見てみよう。図表３-１に示す通り、過去10年間は２％～７％のボックス圏で推移している。直近３年間は比較的高水準ではあるものの、金融危機前のピーク（06年度の７・１％）には届いておらず、上昇トレンドにあるとも言い難い。また過去５年平均のＲＯＥに注目すると、東証一部上場企業１３２３社中５１３社と４割近くの企業で５％を下回っており、このうち、直近のＲＯＥも５％を下回る、すなわちＩＳＳの資本生産性基準に抵触する企業は３５２社と27％に達している。同じく５年平均で伊藤レポートが示

(11) 日本証券アナリスト協会編、榊原茂樹・青山護・浅野幸弘著（１９９８）『証券投資論（第３版）』（日本経済新聞社）
(12) 正式には経済産業省『「持続的成長への競争力とインセンティブ～企業と投資家の望ましい関係構築～」プロジェクト「最終報告書」』（２０１４年８月）。これに先立つ同年４月に公表した中間論点整理でもＲＯＥ８％という水準を示している。
(13) ＩＳＳ「２０１５年版 日本向け議決権行使助言基準」（２０１５年１月）より。

図表3-1　日本企業のROE：中位値の推移（上図）と中長期の平均値（下図）

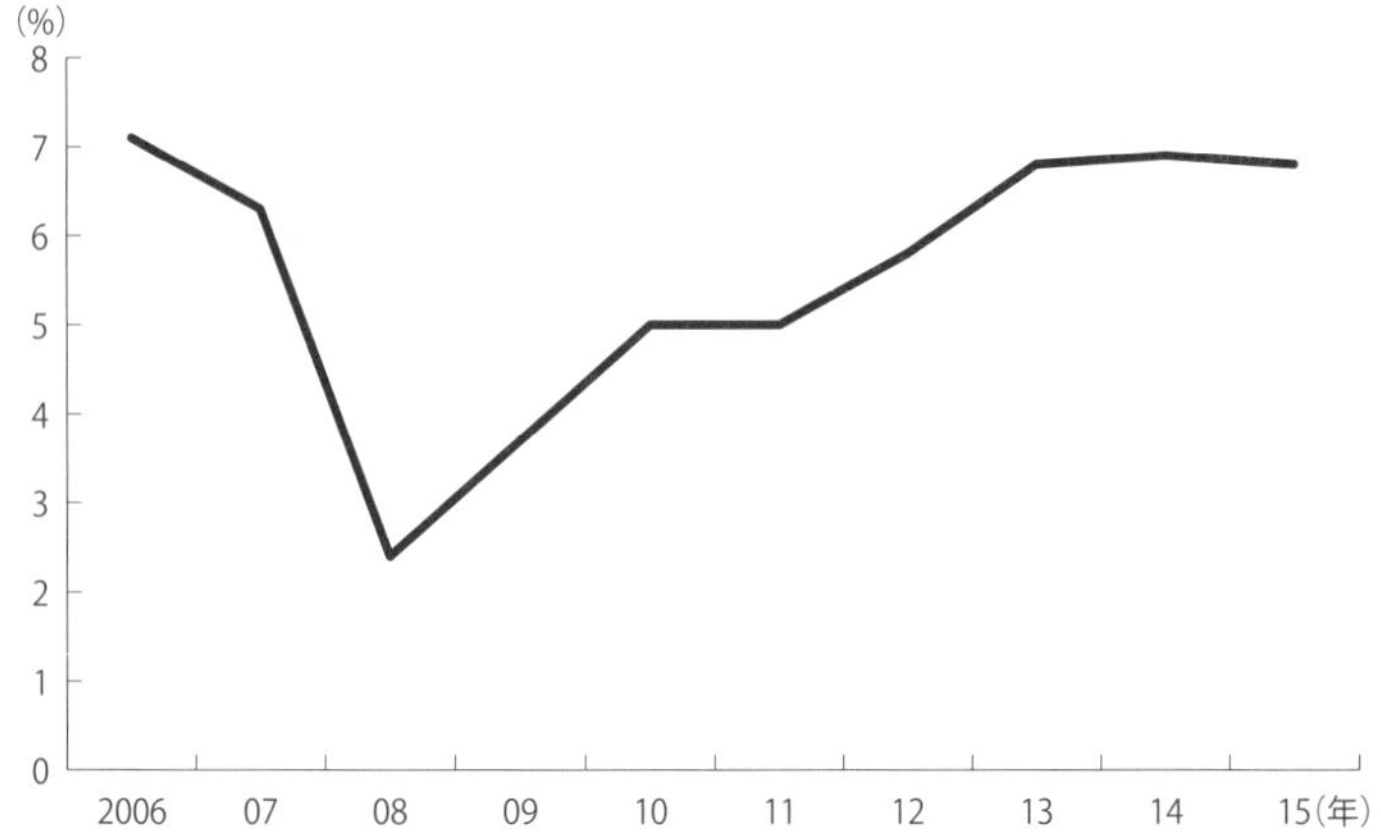

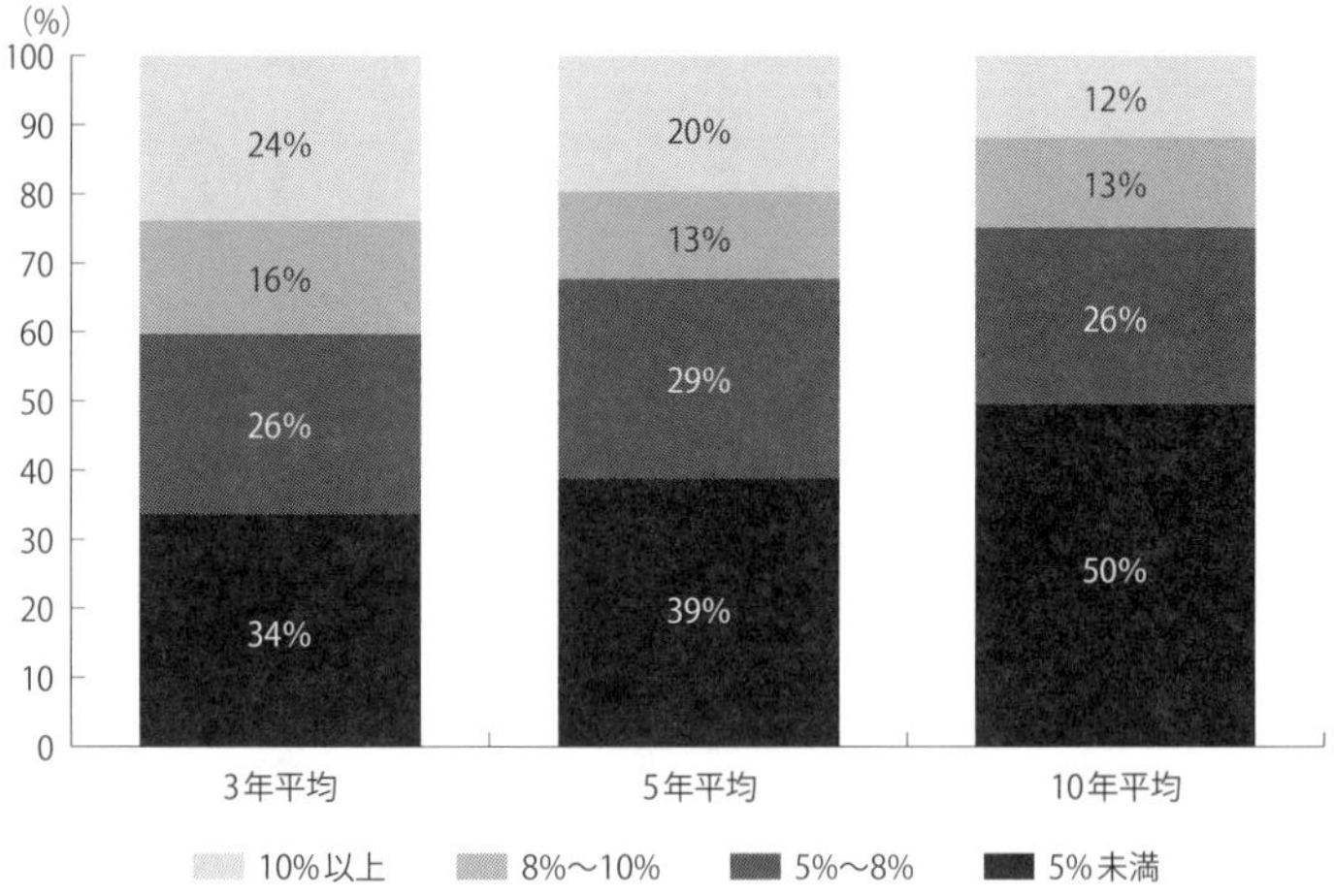

（出典）QUICKよりEY総合研究所作成
（対象）東証一部上場企業のうち、必要なデータを連続して取得可能な1,323社
四捨五入の都合により、合計が100%にならないことがある

図表3-2　適切でないROE経営（例）

①短期志向に陥る（原因：時間軸に対する意識の不足）
②自己資本を圧縮するために有利子負債を増やし、財務健全性を損なう（原因：財務・リスクに対する意識の不足）
③将来的な成長に向けた投資を怠る（原因：経営資源の配分に対する意識の不足）
④過当競争の激化等、外部環境の変化に対する抜本的な対応を怠る（原因：外部環境に対する意識の不足）
⑤費用削減のため、従業員や取引先に過大な負担を強いる（原因：不十分なグループガバナンス）

（出典）EY総合研究所作成

す8％を超えている企業は427社と3割強にとどまっている。加えて、3年・5年・10年と期間を長くとるほど、ROEの低い企業が多くなっている。日本的経営の特徴の1つとして長期志向が挙げられることもあるが、少なくとも長期的なROEの向上という成果にはつながっていない。日本企業にとってROE経営は、古くて新しい課題と言える。

ROE経営については、伊藤レポートのように強く促す意見が聞かれる一方で、批判的な意見も少なくない。日本企業においてROE経営が上手くいかなかった事例があるのは事実だ（例えば、草場〈2012〉[14]は日本の電機メーカーがEVA経営〈後述するがROE経営と本質的な差はない〉によって経営が近視眼的になり、失敗した事例を取り上げている）。このような意見の違いを生んでいるのは、適切なROE経営と適切でないROE経営（図表3－2）

(14) 草場洋方（2012）「企業価値の拡大均衡に向けた経営管理の考え方――急進的EVA経営から漸進的MVA経営へ」Mizuho Industry Focus, Vol. 106

の違いだ。ＲＯＥ経営を批判する意見の多くは後者を想定したものであり、結論から言うと、その原因は財務・リスク、経営資源の配分、外部環境、時間軸に対する意識の不足（本章6を参照）や不十分なグループガバナンス（第4章3を参照）だ。

本章では、ＲＯＥという指標について掘り下げつつ、「適切な」ＲＯＥ経営、日本企業のＲＯＥ低迷の背景、及び日本企業に求められるＲＯＥ経営について解説する。なお、ここでは適切なＲＯＥ経営と投下資本利益率（ＲＯＩＣ）・経済的付加価値（ＥＶＡ）といった指標を掲げる（適切な）経営について、本質的な差はないとの認識で議論を行う。両指標の詳細については本章末を参照して欲しい。また、本章ではコーポレートファイナンスの基礎知識に関して解説する節も設けている。すでに十分な知識を有していると自負する読者は適宜、飛ばして読んで欲しい。

2 誰のためのROEか？

株主利益のためのROE

まずＲＯＥとは何か。計算式は以下の通りだ。

図表3-3　予想ROEの水準別PBR（中位値）

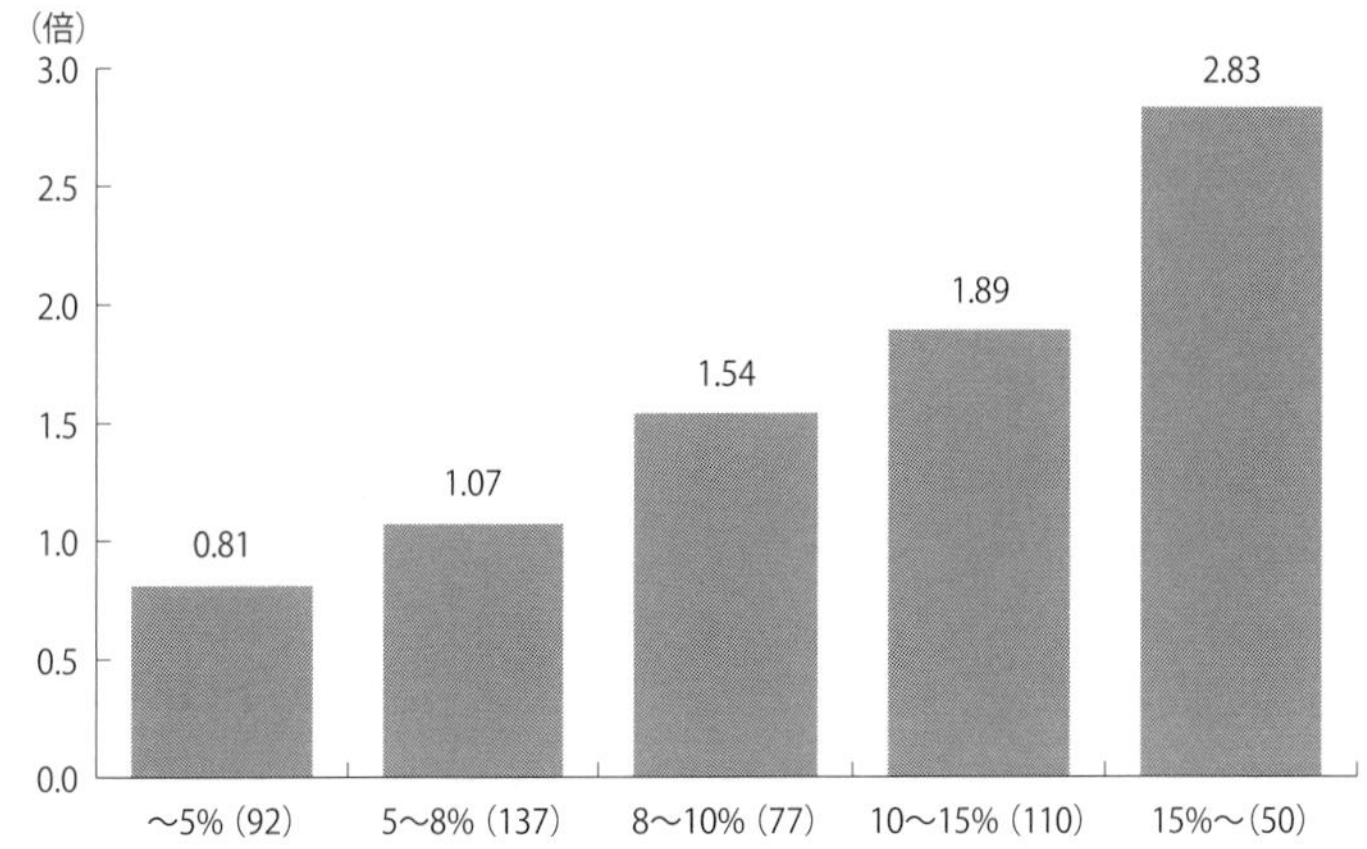

（注）対象はTOPIX500構成銘柄（必要なデータを取得できない企業を除く466社）。予想は会社予想（2016年11月15日時点）。（　）内は社数
（出典）QUICKよりEY総合研究所作成

ROE＝純利益÷自己資本（平残）

自己資本は株主が経営者に託した資金であるため、ROEとは企業が株主の資金を使ってどれだけの利益を稼いだかを示す指標であり、株主の視点から見た稼ぐ力を表す指標と言える。実際、一株当たりの自己資本の何倍の株価が付いているかを示す株価純資産倍率（PBR）に注目すると、ROEの高い企業ほどPBRが高い、という関係が明確だ（図表3－3）。ROEが5％を下回る企業ではPBRは0・81倍と1倍を下回っているが、これは株式時価総額が（会計上の）解散価値を下回っていることを意味している。ROEが5－8％の企業でもPBRは1・07倍と解散価値と大きく変わらず、8－10％になると1・54倍と解散価値を明確に上回るようになる。ISSは5％を投資

家が許容できる最低限の水準とし、伊藤レポートは8％を「グローバルな投資家から認められる第一ステップ」としているが、これらを裏付けるデータと言えよう。

　また、ROEは配当や自己株式取得といった株主還元とも深い関係がある。企業が得た利益の行き先は株主還元と内部留保の2パターンしかないが、株主の視点から見れば、より高い収益率が見込まれる方に充当する方が効率的だ。前者（株主還元）の場合、株主（特に機関投資家）は受け取った資金を株式に再投資するため、想定される収益率は株式投資の期待収益率に等しい。一方、後者（内部留保）の場合には自己資本に加算され、翌期以降の事業に再投資されるため、想定される収益率は自己資本がどれだけの利益に結び付くかを示す指標、すなわちROE（の予想値）となる。ROEを株式投資の期待収益率と比較し、これを上回るROEの達成が見込める範囲内で内部留保を行い、残りは株主還元に充当するのが効率的、というのが基本的な考え方だ（無論、実際には他にも検討すべき要因はある。本章③を参照）。株式投資の期待収益率を株式資本コストと呼ぶのはこのためであり、伊藤レポートが8％というROEの水準を掲げているのは、機関投資家が挙げる平均的な株式資本コストが6・3％（国内）及び7・2％（外国）であることが根拠となっている。近年、ROEと株式資本コストの差であるエクイティ・スプレッドの重要性を指摘する声が聞かれるが[15]、背景にあるのはこのようなロジックだ。プラスのエクイティ・スプレッドが見込まれる場合には内部留保、マイナスが見込まれる場合には株主還元を重視するべき、ということになる。

経済を活性化させるためのROE

前節の議論を聞くと、ROEは株主のエゴを反映した指標、といった印象を持つ読者もいるだろう。しかし、少し視点を広げて経済全体を見渡すと、ROEが資金配分の最適化を通じて経営資源の再配分を促し、経済全体を活性化させるために必要な指標であることが分かる。

経済全体が活性化し、成長するためには資金効率の良い企業・事業に資金を配分する機能が不可欠であり、日本のような資本主義経済ではそれを担うのは金融・資本市場だ。序章で述べた通り、経済が成熟した今日、特に上場企業のような大企業については株式市場の役割が重要になっている。図表3-4に示す通り、株式市場において投資家（株主）が売買するのは株式だが、その資金は企業において有利子負債（銀行借入や社債等）と合算されて投下資本となり、実体経済における事業活動に投じられる。上述の通り、株主の投じた

(15) 例えば柳良平『ROE革命の財務戦略』（中央経済社、2015年）。

図表3-4　資金の流れとROE

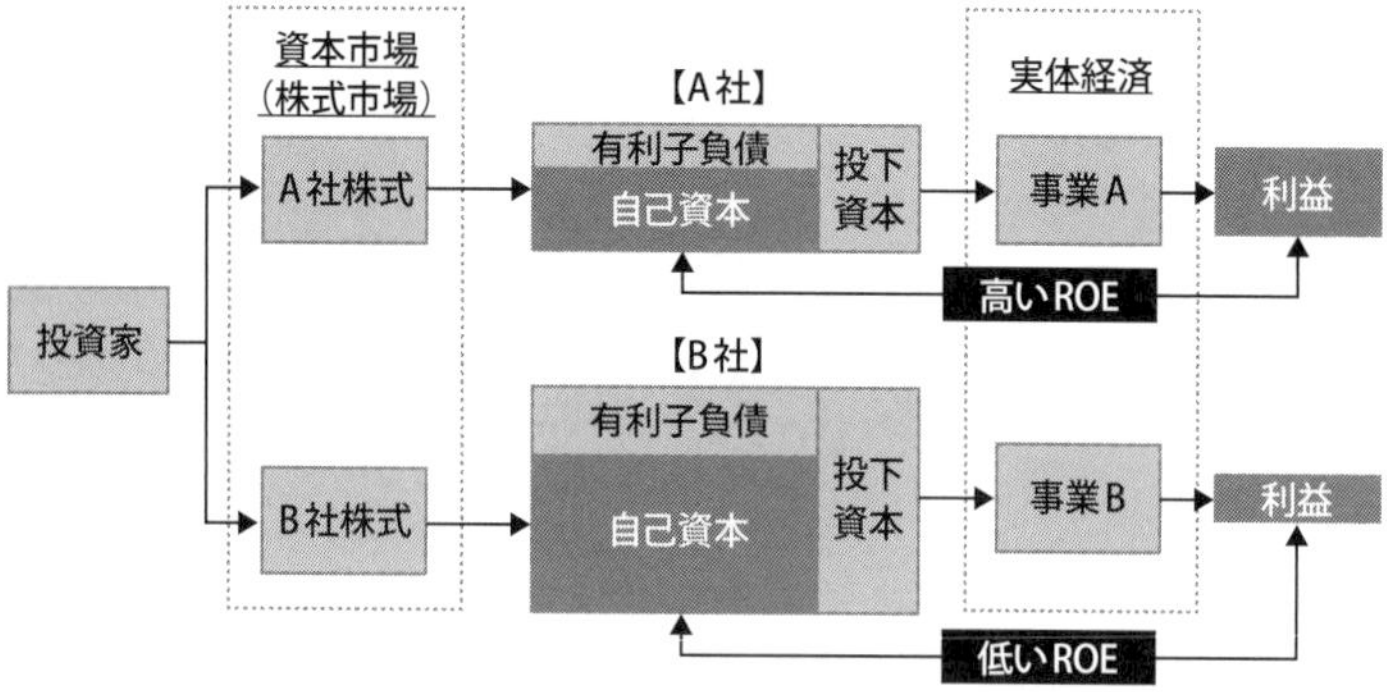

（出典）EY総合研究所作成

資金に対して、企業がどれだけの利益を稼いだのかを示す指標がＲＯＥだ。

投資家は、図表３－４の中のＡ社のように少ない資金で多くの利益を上げる（＝ＲＯＥの高い）企業を高く評価し、逆にＢ社のように多くの資金を投じてもわずかな利益しか上げられない（＝ＲＯＥの低い）企業を低く評価する。この評価は株価に反映され、Ａ社の株価は上昇、Ｂ社の株価は下落する。Ａ社は有利な条件で資金を集めることができるが、Ｂ社についてはそうはいかない。さらに、Ｂ社については株主還元により資金を株主に返すことを要求される、さらには被買収リスクにさらされる、といった事態も否定し難い。このようなメカニズムを経て資金はＢ社からＡ社に向かって流れ、ＲＯＥの高いＡ社はこの資金を使って多くの利益を稼ぐことができる。多くの利益が生まれれば、その分、多くの資金が事業に再投資されることになり、経済は活性化する。ＲＯＥが株主のエゴを反映した指標ではなく、資金の配分を通じて経済を活性化させるために必要な指標であることが分かるだろう。

逆に、ROEの低い企業に資金が滞留した場合には経済全体の停滞につながる可能性が高い。特に低ROEの原因が過当競争にある場合、事態はさらに深刻だ。過当競争の続く業界に資金が流れ続けることになり、過当競争からの脱却がさらに遅れるという悪循環に陥る。詳細は本章4で述べるが、日本企業がこのような悪循環に陥っている可能性は否定し難い。上述のメカニズムが機能すれば、ROEの低い企業に対して株主が株主還元を要求する、あるいは低い株価に目を付けた企業やファンド等から買収提案が行われる、といった形で圧力がかかり資金の配分が改善するはずだが、従前は株式の持ち合いや敵対的買収を是としない風潮等、日本独特の事情がこれを妨げてきた。しかし、持ち合い解消が進む中、国の政策も2つのコード（スチュワードシップ・コードとコーポレートガバナンス・コード）を通じて企業と機関投資家の対話を促す等、独特の事情にも変化が生じている。株主からの要求を受ける前に、自らROE経営を進める企業が増えているようだ。過当競争に陥っている業界で一部の企業がROE経営を進めると、再編が一気に進む可能性がある。その動きを主導し勝ち組となるためにも、早期に（適切な）ROE経営を取り入れ、進めていくことが求められている。

3

企業価値を高めるROE経営と高めないROE経営

ROEを高めるためには、分子である純利益を増やすか、分母である自己資本を減らすかのどちらかしかない。最近では転換社債等により調達した資金で自己株式を取得することで自己資本を減らし、ROEを高める「リキャップ」と呼ばれる手法を実行するケースも散見される。これによってROEが高まると同時に、（前節で述べた通り）株主に還元された資金が株式市場を経由して再配分されるため、経済を活性化させることが期待される。一方で、債権者（転換社債等の投資家）から集めた資金を株主に渡しているだけであり、これが本当に企業価値向上に貢献するのか、といった疑問も聞かれる。

この疑問に対する答えは、イエスでもあり、ノーでもある。つまり企業価値を高めることもあれば、そうでないこともあるのだ。(16) 本節では、コーポレートファイナンスに関する基礎的な知識の確認から議論を始め、企業価値を高めるROE経営（＝適切なROE経営）と高めないROE経営について解説する。

コーポレートファイナンスの基礎知識

コーポレートファイナンスとは、事業活動に必要な運転資金や設備投資・M&A投資等の資金を調達するための財務活動の総称だ。従前は個々の資金ニーズに対応する形で調達を行っていたため、有利子負債と自己資本のバランス（DEレシオ・財務レバレッジ）等の財務指標は結果に過ぎず、目標値を含む明確な方針を持たないケースが多かった。近年では、企業価値を最大化するため、財務指標の目標値の設定を含む財務戦略を策定したうえで個々の資金調達を行うケースが増えている。

財務戦略において重要なのが資本コストだ。数式は省略するが、企業の稼ぐ力（ここではフリー・キャッシュフロー〈FCF〉の創出力）を一定とすると、資本コストを最小化することで企業価値を最大化することができる。ここで用いられる資本コストは負債及び株式に関する資本コストの加重平均（加重平均資本コスト、以下、単に資本コストとする場合は加重平均資本コストを指す）であるため、財務戦略では負債（有利子負債）と株式（自己資本）の比率を

---

(16) 転換社債（CB）を用いたリキャップについては、既存株主の利益を毀損する、との指摘も聞かれる〔例えば「リキャップCB急増の裏側 ROEブームで企業が食い物に」（『週刊エコノミスト』2016年8月30日特大号）〕が、これはリキャップ自体の是非ではなくCBの発行条件について問題を提起するものだ。本編では発行条件ではなく、リキャップ自体についてフォーカスする。

どのようにするかが最も重要なポイントとなる。銀行等の債権者よりも株主の方が高いリスクを負っている分、期待収益率（資本コスト）は高くなる。上述の通り、伊藤レポートは株式資本コストを6・3-7・2%としているが、これが銀行からの借入金利や社債の利回りを大きく上回るのは明らかだろう。上述のリキャップは、負債（株式）の比率を高く（低く）することで資本コストを下げる、という財務戦略を取る場合に採用するべき手段ということになる。

リスクを財務戦略に反映させる

財務戦略において、負債と自己資本の比率はどのように考えればよいのだろう。リキャップによって自己資本を減らせばROEは上昇し、資本コストが低下して企業価値は増大するが、度が過ぎると有利子負債が課題となり財務健全性に支障をきたすことが懸念される。とは言え、財務健全性偏重で有利子負債をゼロにし、さらに手元資金を積み上げて自己資本が膨らむのを容認していては、企業価値増大もROE向上も望めない。

重要なのはリスクだ。企業は事業リスクをはじめ、さまざまなリスクを負っている。大きなリスクを抱える（リスクの高い）企業では、リスクが顕在化した場合に自己資本が大きく減少し財務健全性が低下する可能性があるため、平時は自己資本の比率を高めに維持してリスクに備えるべきだ。現預金等を多めに保有することが必要とされるケースもあるだろう。自己資本が膨らみ資本コストが上昇するが、高リスクに見合った高いリターン（利益あるいはFCF）を稼げるのであれば、十分なROEや企業価値を確保できるはずだ。一方で、リスクが低い企業では、リスクが顕在化した場合でも自己資本の減少は限定的だ。有利子負債の比率を高め、自己資本の比率を低くしても、財務健全性を懸念する必要はない。低リスクに見合った低いリターンしか稼げないとしても、少ない自己資本で資本コストを低く抑えられるため、ROEや企業価値を確保できる。

ここでリキャップについて改めて考えてみよう。リスクについて検討することもなく、単に目先のROEを高めるためだけに行われたリキャップについては、財務健全性に対する懸念が生じ債権者及び株主が負うリスクが上昇する分、負債及び株式に関する資本コストが上昇するため、負債の比率が上昇しても資本コストは低下せず、企業価値の向上は望めないだろう。経営努力が伴わないのだから、当然といえる。

一方で、自社が負っているさまざまなリスクを精査し、必要とされる自己資本の比率・水準について徹底的な検証を行った結果、現状の自己資本が過大であるとの結論に至り、そのことについて債権者や株主の理解を得たうえでリキャップに踏み切ったとしたらどうだろう。財務健全性に対して懸念が高まることはなく、負債や株式に関する資本コストの上昇は限定的となるだろう。負債の比率が上昇する分、資本コストが低下し、企業価値の向上が見込まれる。これはリスク管理の精緻化という経営努力に他ならず、これに基づくリキャップは企業価値の向上につながる取り組みに他ならない。このように、リキャップの実施自体以上に、その意思決定に至るプロセスが重要となる。適切な意思決定プロセスによるＲＯＥ重視の経営は、本章冒頭で述べた「適切な」ＲＯＥ経営の条件の１つと言えよう。そして、この適切な意思決定プロセスを支えるのが取締役会の監督機能に他ならない。

最適な財務戦略が見出せない場合は？

リスクを精査した結果、自己資本の比率を高めるべきとの結論に至ったものの、自己資本を増やすと株主が期待するＲＯＥを達成できない場合にはどうすれば良いだろう。まず行うべきはリスクを減らすことだ。為替のような市場変動に対するリスクをヘッジする等、できることがあるかもしれない。それでも解決しない場合には、事業戦略においてリスクに見合うリターンが見込まれていないということに他ならない。前項では財務戦略から議論を始めたが、実際にはその前に事業戦略の策定というプロセスがあるはずだ。最適な財務戦略が見出せない場合には事業戦略に立ち返って対応を検討することが必要になろう。

最も分かりやすいのは、リスクに見合ったリターンを得られていない事業や商品が全体の足を引っ張るケースだ。特に過当競争に陥っている事業・商品では適正な利益を得ることができず、リスクに見合ったリターンを得られないことが多い（図表序―1参照）。経営資源の再配分を含めて事業戦略を修正し、それに基づいて財務戦略を再度検討する。事業戦略と財務戦略の間を往復する中で、リスク・リターンのバランスの取れた事業戦略と最適な財務戦略を模索することが求められる。

4 なぜ、日本企業のROEは低いのか？

序章において、日本企業は新陳代謝の遅れから過当競争に陥っている、と述べた。本節では、ROEと過当競争の関係について実証する。その前にROEを分析する手法を理解する必要がある。まずはROEの分析手法について解説したうえで、この手法を用いて欧米企業との比較を行い、悪循環に陥っていることを示す。

デュポン・システムによる分析

実際の数値を使って分析してみよう。通常、ROEを分析する際にはデュポン・システ

図表3-5　ROEの要素分解：デュポン・システム

$$\text{ROE}=\frac{\text{総資本}}{\text{自己資本}}\times\frac{\text{売上}}{\text{総資産（総資本）}}\times\frac{\text{純利益}}{\text{売上}}$$

①財務レバレッジ	②総資本回転率	③売上高利益率

（出典）伊藤レポートよりEY総合研究所作成

ムと呼ばれる要素分解の手法が用いられる（図表3－5）。この手法のメリットは、ROEを財務戦略を反映する①財務レバレッジと、事業戦略の成果を反映する②総資本回転率及び③売上高利益率の3つの要素に分解できることだ。実務的には、自己資本、総資産、売上高、及び純利益という代表的な財務数値しか使わないため、データの入手や加工が容易という点もメリットだ。伊藤レポートは、日本企業と欧米企業のROEについてデュポン・システムにしたがって要素分解を行っている。ここで、日本企業は①財務レバレッジや②総資本回転率については欧米企業とは大差のない水準に収まる一方で、③売上高利益率については欧米企業を大きく下回り、これが欧米企業とのROEの差を生む最大の要因になっていることを指摘し、注目を集めた。

　伊藤レポートの最大の功績は、欧米企業の違いが財務戦略ではなく、事業戦略にあることを明らかにした点だ。従前は、日本企業はリスクテイクを避けるため有利子負債を抑制する（＝①財務レバレッジを低くする）財務戦略をとる傾向がある一方、欧米企業（特に米国企業）は有利子負債を積極的に活用する（＝①財務レバレッジを高める）財務戦略をとる傾向があり、これがＲＯＥの差を生む原因になっている、といった指摘が聞かれた。上述のリキャップのような手法を用いれば①財務レバレッジは企業の意思で操作できるため、この指摘が正しいのであれば、日本企業のＲＯＥが低いのは欧米企業とは異なる財務戦略を選択しているためであり、日本企業は自らの経営判断によって財務戦略さえ変更すれば欧米企業並みのＲＯＥを達成できることになる。低ＲＯＥは企業の努力不足ではなく、経営判断の問題というスタンスだ。しかし、伊藤レポートが欧米とのＲＯＥの差が①財務レバレッジではなく③売上高利益率に起因することを明らかにしたことにより、日本企業は財務的な手法ではなく、事業面における努力でＲＯＥを高める必要がある事実を認めざるを得なくなった。

なお、伊藤レポートは日米欧の企業の平均値に注目しているが、柳（２０１５）[17]は個別企業の数値に注目して踏み込んだ分析を行い、①財務レバレッジについて問題のある日本企業があることを指摘している。ここでは、米国では平均値の周辺に多くの企業が集中するのに対し、日本では極端に高い水準、あるいは極端に低い水準となる企業が多いことが明らかにされている。意図的に極端な水準を目指したというより、結果として極端な水準

(17) 柳良平（２０１５）『ＲＯＥ革命の財務戦略』（中央経済社）

になったケースも少なくないだろう。バブル期に積み上がった有利子負債を懸命に返済し続け、気が付いたら有利子負債がゼロになっていた、というのは良く聞かれる話だ。前節で指摘したようなリスクの精査が財務戦略に反映されているとは考えにくく、未だ財務指標が結果に過ぎない日本企業が少なくない、ということのようだ。

独自の手法による分析

デュポン・システムはＲＯＥ向上のための経営改善策を検討する手法として開発されたものだが、日本企業への応用を考えるうえでは不十分な面も指摘される。主なものを挙げると以下の通りだ。

①財務レバレッジ：分子（総資本）には有利子負債だけでなく運転資金等が含まれるため、財務戦略に直結しない。

②総資本回転率：分母（総資本＝総資産）には金融資産や遊休不動産等事業との関連性の乏しい資産（非事業資産）が含まれるため、「バランスシートの効率性」と「事業の効率性」が混在する指標になっている。前者は広義の財務戦略と位置付けられるため、後者の事業戦略との混同は望ましくない。特に日本企業の場合にはこれら非事業資産の

保有が多いことが従前から指摘されており、両者を混同することの弊害は軽視し難い。

③売上高利益率：分子（純利益）には金融資産や不動産の売却損益のような事業との関連性の乏しい損益や減損のような一時的な損益が含まれるため、イレギュラーな要素が混在してしまい、純粋な事業の成果を表す指標になっていない。

そこで本章では、前掲の図表3－4に示した資金の流れを反映する視点からデュポン・システムを発展させた独自の手法を用いることで、伊藤レポートの分析では迫ることのできなかった実態に迫る。具体的には、ＲＯＥを①（修正）財務レバレッジ、②投下資本の有効活用度、③事業資産回転率、④売上高営業利益率、⑤金利・税負担等の5つに要素分解する。①と②は財務戦略、③と④は事業戦略の成果を反映する要素であり、⑤は一時的な損益を含む雑多な要素と整理できる。数式で示すと図表3－6の通りだ。

①（修正）財務レバレッジ：投下資本の自己資本に対する比率を用いるため、財務戦略をより直接的に反映する。

②投下資本の有効活用度：投下資本の内、事業資産（＝投下資本－非事業資産）に投じられた比率を示す。資金を本業において有効に活用することを求める株式市場の視点を

強く反映した要素と言える。

③事業資産回転率：事業の効率性を示す。デュポン・システムにおける総資本回転率との違いとして、非事業資産を除くこと、運転資金等の資産項目を総額ではなく買掛金等の負債項目と相殺した純額で扱っていること、等が挙げられる。②同様、株式市場の視点を強く反映した要素と言える。

④売上高営業利益率：事業の利益率を示す。事業と関連性の乏しい損益を除いているため、事業そのものの成果を反映しやすい。

⑤金利・税負担等：営業利益に対する純利益の比率。支払金利、特別損益、税率等さまざまな要素が含まれる、雑多な要素だ。

図表3−6には主要企業のうち製造業についてROE及び各要素の数値を示している。製造業全体のROEは7・59％と伊藤レポートが示す8％をやや下回る水準だ。財務戦略に関する①と②に注目すると、まず①財務レバレッジが1・52倍ということは、自己資本に、自己資本の約半分に相当する有利子負債を加えて投下資本としていることを示している。また、②投下資本の有効活用度が70・5％ということは、株主や債権者が企業（経営者）に託した資金の約3割が金融資産や不動産といった非事業資産に充当されていることになる。

図表3-6　ROEの要素分解：発展型（独自の手法）

$$\mathrm{ROE}=\frac{\text{投下資本}}{\text{自己資本}}\times\frac{\text{事業資産}}{\text{投下資本}}\times\frac{\text{売上}}{\text{事業資産}}\times\frac{\text{営業利益}}{\text{売上}}\times\frac{\text{純利益}}{\text{営業利益}}$$

①(修正)財務レバレッジ	②投下資本の有効活用度	③事業資産回転率	④売上高営業利益率	⑤金利・税負担等

2015年度	ROE	①	②	③	④	⑤
製造業	7.59%	1.52倍	70.5%	1.89回	5.96%	63.1%
鉄鋼	7.56%	1.72倍	83.3%	1.38回	5.93%	64.8%
医薬品	6.61%	1.07倍	60.8%	1.04回	13.83%	70.5%
食料品	5.72%	1.44倍	73.4%	2.03回	4.90%	54.3%

（注）　事業資産は投下資本から非事業資産（現預金・（投資）有価証券・賃貸等不動産）を除いて算出
（出典）QUICKよりEY総合研究所作成
（対象）下表はTOPIX500構成銘柄（製造業、合算値）。米国会計基準・国際財務報告基準採用企業を除く

運転資金を賄うために一定の現預金は必要なため、100%になることはありえない要素だが、非事業資産を株主還元に充当すれば事業戦略に影響を与えずにROEを向上させることができるだけに、改善の余地ありと見る株主もいるだろう。

この要素分解からは、業種間の特性の違いも見て取ることができる。図表3-6は、鉄鋼、医薬品、及び食料品についても示している。ROEは5%台後半から7%台半ばと極端な差はないが、個別の要素には少なからず差異が見られる。まず鉄鋼だが、①財務レバレッジ及び②投下資本の有効活用度が高くなっている。重厚長大型産業を代表する業種らしく、設備投資資金ニーズを満たすために積極的に有利子負債を活用し、調達した投下資本は余さず事業資産に投入して

いることが分かる。また、③事業資産回転率は低水準となっているが、これは資本集約型産業のために固定資産（工場等）が大きいことが原因だろう。

次に医薬品だが、こちらは鉄鋼と異なり設備投資よりも研究開発を重視する業種だ。①財務レバレッジ及び②投下資本の有効活用度は低水準となっているが、これは新薬の研究開発という高いリスクを抱える事業特性を反映したものと考えられる。また、③事業資産回転率が低いのは多品種少量生産という特性のため、非常に高い④売上高営業利益率は、医薬品が差別化しやすい高付加価値品であることに加え、価格が規制されているためだろう。食料品については、③事業資産回転率は高いが④売上高営業利益率が低くなっており、医薬品とは逆の傾向が見て取れる。③については医薬品ほど多品種少量生産でないことに加え、鉄鋼ほど大きな固定資産を必要としないためであろう。④が低水準であることについては医薬品に比べると差別化が難しい業種であることを示していると考えられる。

なぜ、日本企業のROEは低いのか？

ここからは、上述の手法を用いて日本企業と欧米企業を比較し、日本企業のROEが低い原因を探る。対象は食品企業だ。事業構造が分かりやすく、この点で日本企業と欧米企業の間に大きな差異がないと考えられることに加え、米英及び大陸欧州にバランス良く大

図表3-7　ROEとその構成要素：食料品企業の国際比較

2015年度	ROE	①財務レバレッジ	②投下資本の有効活用度	③事業資産の回転率	④売上高営業利益率	⑤金利・税負担等	③関連		⑤関連
							のれんの割合*	③(のれんを除く)	実効税率
日本企業	5.72%	1.44倍	73.4%	2.03回	4.90%	54.3%	16.6%	2.43回	38.0%
米国企業	26.06%	1.57倍	96.0%	0.70回	13.28%	184.7%	52.2%	1.47回	7.5%
英国企業	12.23%	1.13倍	91.5%	1.93回	7.72%	79.0%	16.0%	2.30回	21.2%
フランス企業	10.55%	1.91倍	86.2%	1.12回	13.50%	42.4%	57.9%	2.66回	34.1%
スイス企業	13.69%	1.32倍	85.4%	1.19回	15.07%	67.7%	45.1%	2.17回	28.0%

（注）欧米企業の営業利益は一時的な損益を除く
（出典）QUICK/FACTSET及び各社資料よりEY総合研究所作成
（対象企業）日本企業はTOPIX500構成銘柄（図表3-6参照）。欧米企業は各国の食品総合産業の中で最も時価総額の大きい企業
*のれんの事業資産に占める割合

きな企業が存在するためだ。日本企業については全体の傾向を把握するため前掲の図表3-6で用いた集計値を用い、欧米企業については各国で最も時価総額の大きい企業を例として取り上げる（図表3-7）。

まずROEだが日本企業で低くなっているのが目立つ。（雑多な要素である⑤を除く）①〜④の各要素の中で欧米企業と最も大きな差がついているのは④売上高営業利益率の4・9％で、欧米企業の中で最も水準の低い英国企業の7・7％の6割強、最も高いスイス企業の15・1％と比べると3分の1にも満たない水準だ。低い利益率が低ROEの最大の要因になっている点では、伊藤レポートと同様の結論と言える。次いで差が付いているのが②投下資本の有効活用度の73・4％で、欧米企業の平均値（89・8％）

はこれを2割強上回っている。さらに、⑤金利・税負担等のうちの法人税率についても差が付いている。Ｍ＆Ａの影響で税率が極端に低くなっている米国企業を別とすると、欧州企業の法人税率は21％-34％で平均値は28％と日本企業の38・0％に比べると低水準だ。しかし、ＲＯＥに与える影響の格差は16％［＝（1－28％）÷（1－38％）］と②をやや下回っている。

これより、「なぜ、日本企業のＲＯＥは低いのか？」という問いに対しては、影響の大きい順に④売上高営業利益率が低いこと、②投下資本の有効活用度が低いこと（＝非事業資産の保有が多いこと）、⑤法人税率が高いことという3つの回答が指摘できる。上述の通り、伊藤レポートは④に注目し、日本企業の低ＲＯＥの要因を事業戦略に求めたが、この独自の手法を用いることにより、②投下資本の一部が非事業資産に投じられ有効に活用されていないという意味で財務戦略にも課題があることが明らかになっている。また、日本における法人税率の高さも政策課題として指摘できるが、影響の大きさとしては④や②を下回っている点に留意すべきだろう。ＲＯＥ向上のため、企業努力で取り組むべき要因の方が大きいのである。

一方、①財務レバレッジについては欧米企業と大きな差にはなっていない。また、③事業資産の回転率については日本企業の2・03回が最も高くなっているが、この背景には欧米企業における積極的なM&Aがある。M&Aにおいては買収価格が被買収企業の純資産の時価（公正価値）を上回ることが多いが、その差分は「のれん」として買収企業のバランスシートに資産として計上され、事業資産及び投下資本が膨らむ要因になる。図表3–7に示す通り、英国企業を除く欧米企業ではのれんが事業資産の45%–58%に達しており、③を大きく低下させる要因になっている。のれんを除く事業資産の回転率は米国企業を除くと2・17回から2・66回と日本企業の2・43回と同程度の水準だ。M&Aの影響を除くと、③については極端な差はないと言えよう。なお、米国企業が低水準になっているのはのれん以外にも多額のM&A関連の無形資産を計上しているためだ。仮にこの無形資産も除いて③を計算すると50回超に達する。なお、同社については⑤が極端な大きな数値になっているが、その多くがM&Aによる一時的な損益だ。

低ROEの悪循環

前節の議論をまとめると、以下の通りだ。

▼日本企業のROEは欧米企業に比べて低い。

▼低ROEの最大要因は④低い売上高営業利益率。次いで②低い投下資本の有効活用度、

図表3-8　ROEを巡る悪循環・好循環

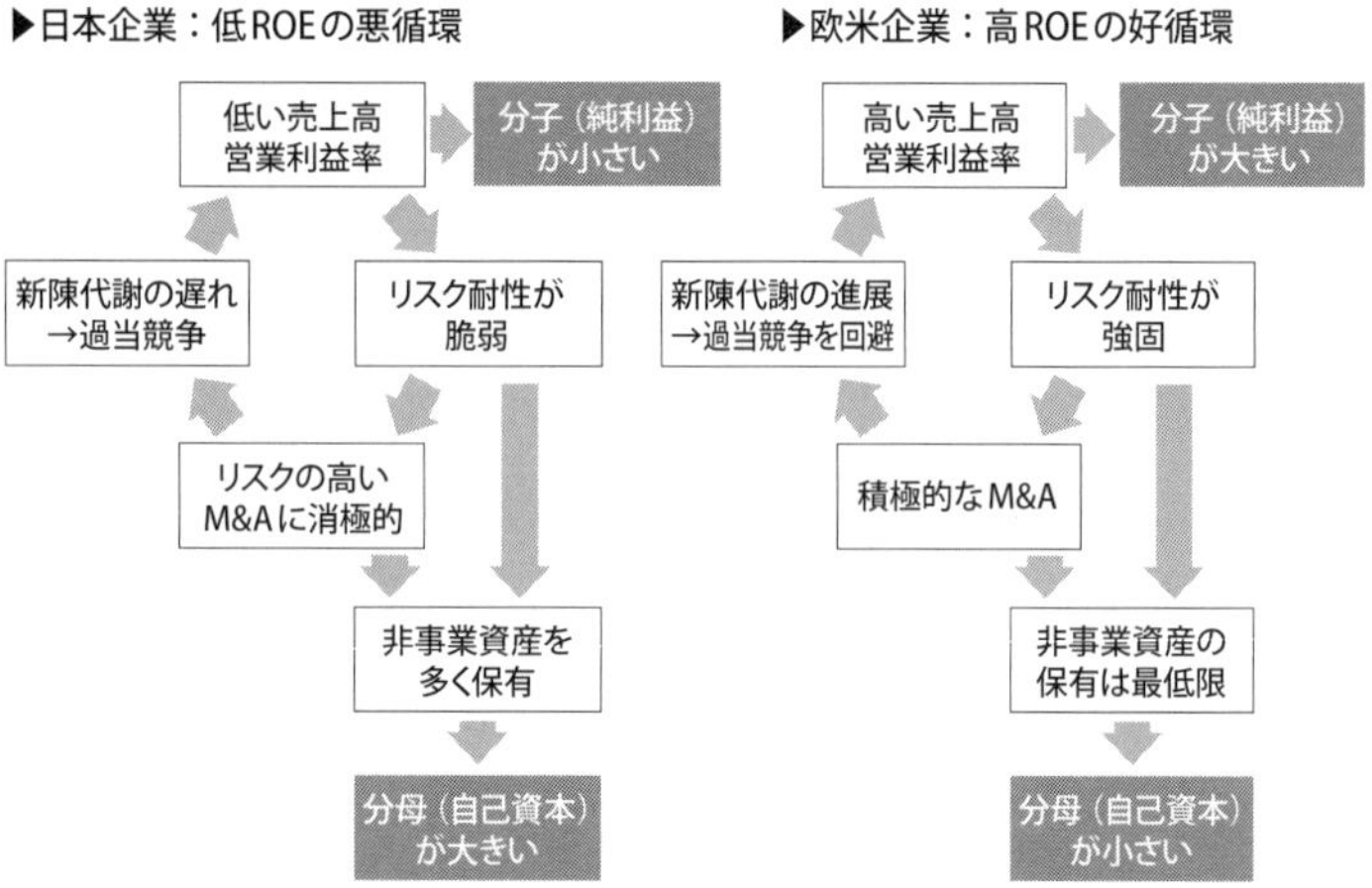

（出典）EY総合研究所作成

⑤高い実効税率の順。

▼事業資産回転率は高いが、（M&Aの結果として生じる）のれんを除くと欧州企業と大差ない水準。

▼欧米企業では積極的なM&Aを反映し、事業資産においてのれんが占める割合の高い企業が多い。

これを序章の議論と合わせて解釈すると、次のようになろう（図表3－8）。日本企業は売上高営業利益率が低いため、売上の低下が赤字転落につながりやすい、つまり売上変動リスクへの耐性が脆弱になっている。リスクに備えるために金融資産等の非事業資産を多めに保有する一方、リスクの高い大型M&Aは回避する傾向がある。結果として経営資源の再配分が進まず、過当競争により売上高営業利益率の低迷からの脱却も進まないという悪循環に陥っている。一方、欧米企業は積極的なM&Aを通じて経営資源の再配分を進め、過当競争を回避することで売上高営業利益率を高めている。その結果、リスクへの耐性が強化され、さらなる積極的なM&Aが可能になるという好循環につながっている。

本節では食品企業に注目したが、新陳代謝の遅れやROEの低迷は日本企業全体で共通した課題だ。また、①〜⑤のうちポイントとなるのは②と④だが、まず④については伊藤レポートでも指摘されたこと。また、前掲の図表3-6で示した通り、財務戦略を表す②について食料品企業は製造業平均と概ね同水準であり突出した水準ではない。これらを踏まえると、図表3-8は食品企業の実証分析より得た示唆ではあるものの、日本企業共通の構造と言って良いのではないだろうか。

5 適切なROE経営＝企業価値を高める経営

本章3で述べた通り、適切な意思決定プロセスを経ることが適切なROE経営の条件の1つではあるが、具体的にはどのようなことを行えばよいのだろうか。本節では、まず企業価値を最大化するための経営から考えてみよう。

企業価値とは？　企業価値最大化のための経営とは？

企業価値とは企業が将来にわたって創出するフリー・キャッシュフロー（ＦＣＦ）を、資本コストで現在価値に割り引いて算出される。ＦＣＦが将来にわたって一定という、単純な仮定を置くと「企業価値＝ＦＣＦ÷資本コスト」となる。当然、より少ない資本コストで資金を調達し、より多くのＦＣＦを稼ぐことで企業価値は増大する。

ＦＣＦとは、企業の稼ぎ（営業ＣＦ）から、営業活動[18]の継続・成長に必要な投資に関するキャッシュフロー（投資ＣＦ）を差し引いたものとして算出される。ＦＣＦの範囲内であれば営業活動に支障をきたさずに（＝他のステークホルダーに迷惑をかけずに）株主還元や有利子負債の返済に充当できることから、株主や債権者といった資金の出し手の取り分と言っても良いだろう。企業価値は資金の出し手の視点による指標だから、ＦＣＦがそのベースとなるのは自然と言える。

上述の通り、ＦＣＦを構成するのは営業ＣＦと投資ＣＦだ。営業ＣＦは売上から費用（ともにキャッシュフロー・ベース）と運転資金の増加を引いたものだが、運転資金の増加を広義の投資と見なすと、ＦＣＦは①売上、②費用、③投資の３つの要素に集約される。次に資本コストだが、こちらはすでに述べた通り、財務戦略にリスクを反映させることで算出されるから、構成する要素は④財務と⑤リスクの２つだ。企業価値とはこの①～⑤の構成要素に集約され、企業価値を最大化する経営とは「⑤リスクを反映した④財務によって必要な資金を調達し（財務活動）、最小の②費用、③投資、⑤リスクによって、①売上を最大化すること（事業活動）」と定義できる。③投資や⑤リスクが含まれていることが示す通り、これは短期志向な経営ではなく、投資効果の発現による中長期的な成長を視野に入れた経営である点も指摘しておきたい。

適切なＲＯＥ経営とは？

次に、ＲＯＥが企業価値同様に①〜⑤の要素によって構成されていることを示そう。上述の通り、「ＲＯＥ＝純利益÷自己資本」、一方で（ＦＣＦが一定という単純化された仮定を置くと）「企業価値＝ＦＣＦ÷資本コスト」だ。この2式について、分子同士・分母同士を比較してみよう。まず分子だが、ＲＯＥでは会計上の純利益、企業価値ではＦＣＦだ。会計基準は純利益がＦＣＦの予測に資することを意図して開発されているため[19]、少なくとも概念上は両者の間に違いはないと言える。実際には前者では設備投資を費用（減価償却費）とし

（18）本書では企業活動を資金調達に関する財務活動と事業活動に分けているが、ここでは財務諸表の用語にしたがい、事業活動ではなく「営業活動」という表現を用いる。

（19）企業会計基準委員会（２００６）「討議資料　財務会計の概念フレームワーク」

て処理する等、投資が費用の中に混在する会計処理が行われるが、投資にかかわる費用を投資、それ以外の費用を費用とすると、認識するタイミング等テクニカルな部分の違いはあるものの、①売上、②費用、③投資を反映しているという基本的なレベルではFCFと同様だ。分子に注目する限り、概念上あるいは基本的なレベルにおいてROEと企業価値の間に差はないと言える。

次に分母だが、ROEでは自己資本、企業価値では資本コストだ。「適切なROE経営」では財務戦略においてリスクを考慮する中で資本コストを最小化し、適切な自己資本の水準を定めることになるため、④財務、⑤リスクを反映している点で両者は同様といえる。このように、分子・分母ともにROEと企業価値の間に基本的なレベルで違いはない。その意味で、適切なROE経営と上述の「企業価値を最大化する経営」とは同義と考えることができる。

6 日本企業に求められるもの

前節で適切なROE経営について明らかにした。前掲の図表3-1で示した通り、日本企業の多くでROEが低迷しているのが現状であり、今日において日本企業のROE経営は不十分と言わざるを得ない。ここからは、日本企業が適切なROE経営を実践するうえで何が求められるのか、考えてみよう。

財務活動と経営資源の配分に対する意識を高める

まず、図表3-9を見て欲しい。中長期的な株式価値向上に向けて企業が重点的に取り組むべきこと、という問いに対する企業と投資家の意識を比較したものだ。「製品やサービスの競争力強化・高付加価値化」と答える企業・投資家が最も多い点では一致しているが、問題はその後だ。企業は「事業規模・シェアの拡大」及び「コスト削減の推進」といった①売上や②費用に関する項目に対しては50％以上の企業が挙げており、高い意識が伺われる一方で、「投資採算を重視した投資」「事業の選択と集中」といった③投資に関する項目については20％台、「余剰資金の株主への還元」といった④財務に関する項目に至っては10％に満たない企業が挙げるにとどまっている。この3項目については約50％の投資家が挙げており、これに比べると企業の③投資と④財務に対する意識は低いと言わざるを得ない。特に③投資に対する意識の低さについては、過当競争の続く事業に対する投資の見直しの遅れを通じ、新陳代謝の遅れを招く要因になっていると考えられる。適切なROE経営を実践するためには、③投資と④財務に対する意識を高めていく必要が指摘される。

図表3-9　中長期的な株式価値向上に向けて企業が重点的に取り組むべきこと

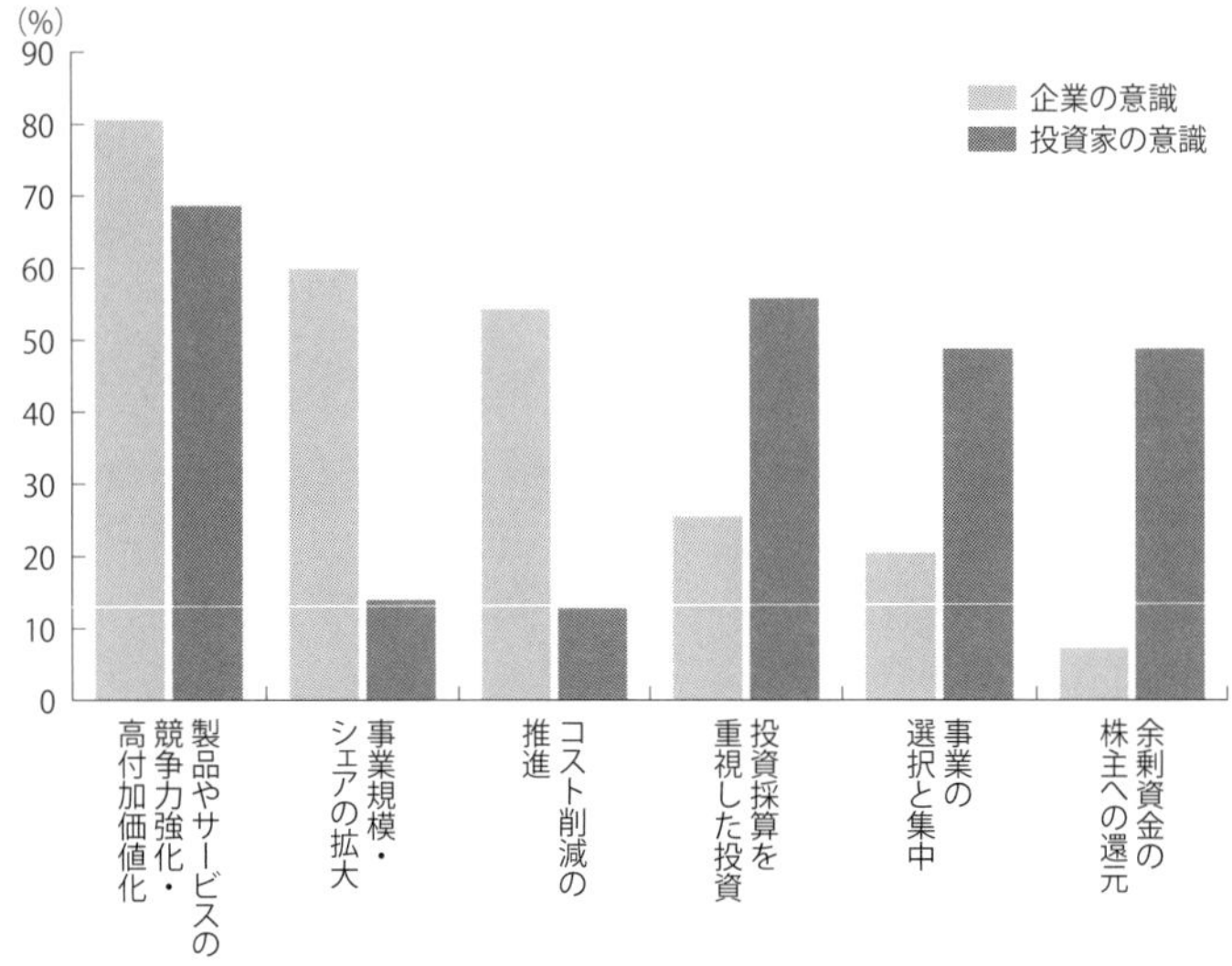

（出典）平成26年度 生命保険協会調査よりEY総合研究所作成

　この点について、もう少し踏み込んで考えてみよう。前掲の図表3－4で示した資金の流れに沿って考えると、企業活動は株主や債権者から資金を調達する財務活動と調達した資金（投下資本）を用いて事業を行う事業活動に分けられ、さらに事業活動は資金を各事業に配分する活動＝「資金配分」と個々の事業の現場で資金を利用して利益を創出する活動＝「資金利用」に分けられる。企業価値の構成要素である①～⑤との関係をまとめると、財務活動は④財務、事業活動のうち資金配分は③投資、資金利用は①売上、②費用に対応する。投資家は図表3－4を左から見る立場にあるため、財務活動や資金配分を重視する傾向があるのは自然と言える。一方、日本企業が資金利用を重視する傾向がある、すなわち図表3−4を右から見る傾向があるのは、現場主義という伝統的な日本的経営の強みを反映したものだろう。しかし、3つの活動が機能しなければ企業経営は完結しない。実際、過当競争に陥っている事業では、日本企業の強みである現場主義（≒資金利用）は稼ぐ力にはつながり難い（図表序−1参照）。強みを稼ぐ力につなげるためにも、残る2つの活動（財務活動と資金配分）に対する意識を高め、稼げる事業の現場に効率的に資金を配分することが求められよう。

ここまで資金に注目して議論を行ってきたが、資金（カネ）を経営資源全体（ヒト・モノ・カネ〈資金〉・情報）に拡張しても同様の議論ができる。ある事業に資金を重点的に配分する場合には、人材についてもエース級を重点的に配分する等、資金と他の経営資源は同じ方向に配分されるのが通常のためだ。前段の資金配分を経営資源の配分、資金利用を経営資源の利用と言い換えると、日本企業は経営資源の利用に対する意識が高い一方で、適切なROE経営のためには財務活動や経営資源の配分に対する意識を高めていくことが求められている、とまとめることができる。序章で指摘した、新陳代謝の遅れ≒経営資源の再配分の遅れを裏付けるものとも言える。

リスク・外部環境に対する意識を高める

前項では企業価値を構成する5つの要素のうち、①〜④について述べた。ここでは⑤リスクについて考えてみよう。⑤リスクには不正のように社内に起因するものと、為替レートの変動のように外部環境に起因するものがあるが、日本企業の課題として指摘するべきは後者だろう。

近年、中期経営計画を通じてROE等の業績目標を掲げる企業が増えているが、それが未達に終わるケースは少なくない。その原因について、為替レートの変動等外部環境の想定外の変化として説明する企業は少なくないが、外部環境の想定外の変化とは⑤リスクの顕在化に他ならない。加えて、同計画の中で予め外部環境に対して経営者がどのような認識を持っているのか、為替レート等についてどのような前提を置いているのか、といった点について十分な説明・開示がなされるケースは多くない。そのため、株主は目標未達の原因が本当に外部環境の影響によるものなのか、経営者の判断の誤りによるものなのか、判断することができない。コーポレートガバナンス・コード補充原則4-1②は中期経営計画が目標未達に終わった企業に対して原因分析を行い、株主に説明することを求めているが、背景にはこのような現状に対する懸念があると考えられる。

翻って考えると、前掲の図表序-1で示した新陳代謝の遅れや図表3-8で示した低

ROEの悪循環についても、外部環境の問題と言える。競合他社や顧客の動向という競争環境＝外部環境に対する意識が高ければROEの低迷が長期化する前に気付き、そこから脱却するための取り組みを進めていたはずだ。日本企業が適切なROE経営を行うためには、説明責任を含め、外部環境及び⑤リスクに対する意識を高める必要があると言えよう。

時間軸に対する意識を高める

本章5において、企業価値を最大化する経営、すなわち適切なROE経営は、短期志向な経営ではなく、投資効果の発現による中長期的な成長を視野に入れた経営であることを指摘した。適切なROE経営のために日本企業に求められるものの最後に、短期あるいは中長期といった「時間軸」について指摘しておきたい。

本章冒頭で指摘した通り、日本企業にとってROE経営は古くて新しい課題だ。従前はROE低迷の原因について、「日本的経営は長期志向」であることを挙げる企業（経営者）は少なくなかった。実際、序章で言及した「ジャパン アズ ナンバーワン」も日本的経営の強みとして長期志向を指摘している。しかし、前掲の図表3－1に示した通り、日本企業のROEは長期にわたって低迷を続けており、しかも期間を長く取るほどROEの低い企業が多くなるのが現実だ。翻って考えると、仮に10年を長期とするならば、10年前に行った長期的な取り組みが今日の利益につながりROEを押し上げているはずだが、ROEは低迷を続けているのが実際だ。「長期志向の経営だから短期のROEが低くても仕方がない」というだけの論理には説得力はない。

このような日本企業の時間軸に対する意識の不足は中期経営計画にも表れている。本来、このような計画は過去から現在、さらには将来といった時間軸に沿った順序で語られるべきだ。具体的には、直前の計画における取り組みの進捗のレビューに始まり、それを踏まえた現状の認識があったうえで、次の3年間で目指す姿や取り組みが続く、といった内容が想定される。しかし、冒頭から将来について語り始めるような内容の中期経営計画は珍しくないし、直前の計画をレビューするにしても目標の達成度を述べる程度にとどまり、より長い時間軸で連続性のある内容になっているケースは多くはないのが実際だ。また、期間中に想定される外部環境の変化について少子高齢化を挙げるケースは少なくないが、少子高齢化は超長期では大きな環境変化をもたらすが、3年程度の期間で大きな変化をもたらすものではない。これらはいずれも時間軸に対する意識が不十分であることを示すものと言える。

本章3で述べた通り、目先のROEを高めるだけの短期志向の経営は企業価値を高める適切なROE経営とは異なるが、長期志向を強調して短期の結果（例えば単年度のROE）が低迷を続ける日本企業の現状も問題と言わざるを得ない。企業経営においては短期も中期も長期も重要だ。短期的かつドラスティックな変化を望むのか、中長期にわたる漸進的な変化を望むのかは企業の選択だが（欧米企業は前者、日本企業は後者が多いようだ）、後者の場合には中長期的にはどのような変化を目指し、そのために短期ではどのような取り組みを行うのか、明確に示さないと漸進的な変化すら実現されないだろう。実際、欧米企業では時間軸に沿ってマイルストーンを設定し、取り組みに関する進捗管理を行っている（第2章5を参照）。短期あるいは長期に偏ったり、それぞれの時間軸を混同したりすることなく、それぞれについて①～⑤からなる企業価値を向上させるための取り組みを示すことが必要と言える。

コーポレートガバナンスと適切なROE経営は車の両輪

ここまで述べたことを図にしたのが図表3－10の左図（理想形）だ。まずは短期・中期・長期等の時間軸を明確化する。次に外部環境に対する認識や前提をそれぞれの時間軸に対して示し、さらに、これを踏まえた企業として目指す姿やそれを実現するための取り組みを示す。逆に、日本企業が陥りがちなのが同右図だ。外部環境に対する認識・前提が明確化されず、目指す姿や取り組みも経営資源の利用に偏りがちで時間軸も不明確、財務活動や経営資源の配分については軽視されがちだ。

図表3-10　ROE経営に求められる「目指す姿」等

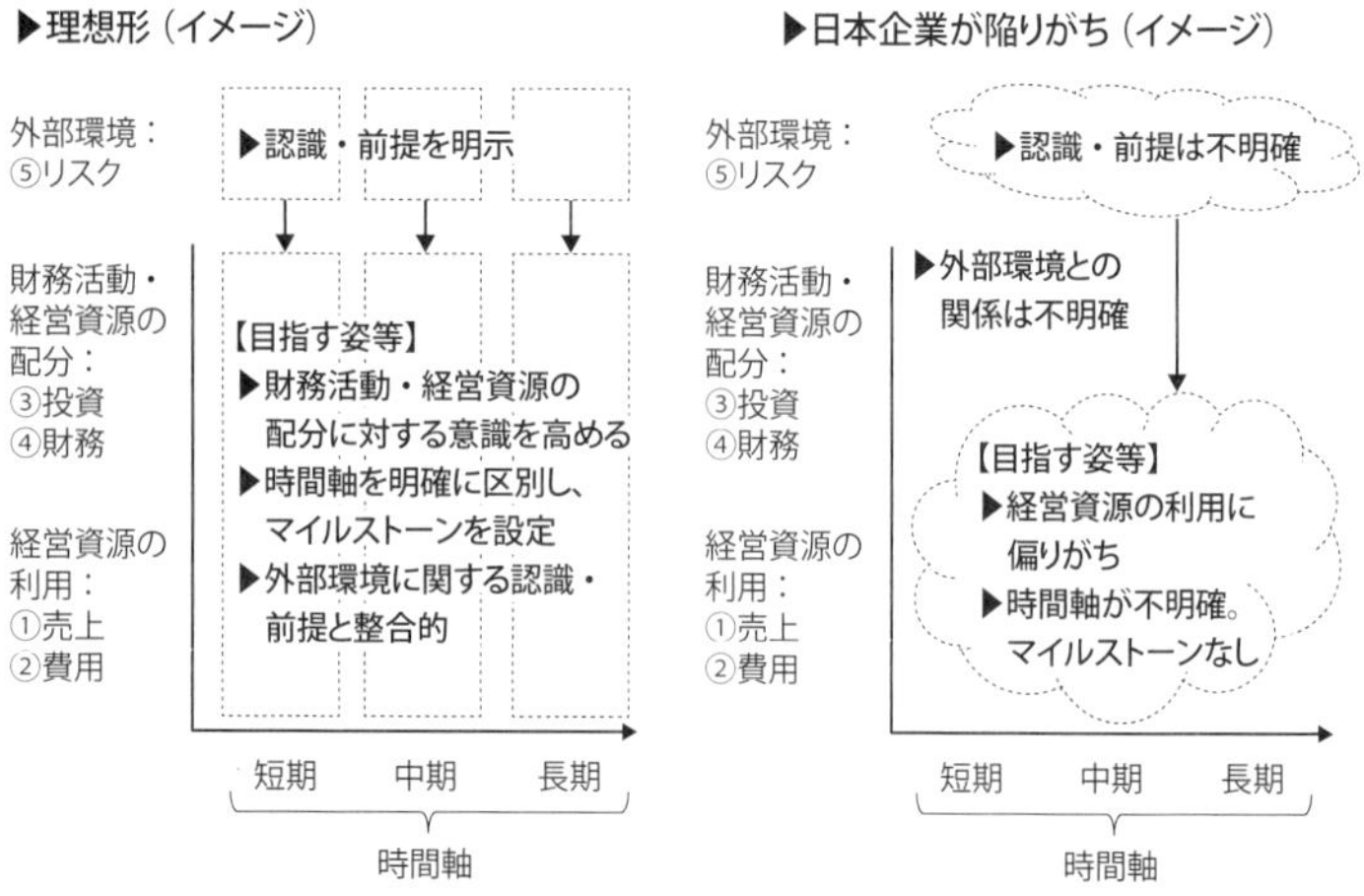

（出典）EY総合研究所作成

ここで、図表3－10を前掲の図表2－8と見比べて欲しい。外部環境、経営資源の配分、時間軸は適切なROE経営に求められるものであると同時に、コーポレートガバナンス（取締役会の監督機能）におけるプランに求められるものであることが分かるだろう。経営者が適切なROE経営を行わなければ取締役会による監督は機能しないし、取締役会による監督が機能しなければPDCAが不十分になり、適切なROE経営を中長期にわたって持続するのは困難だろう。コーポレートガバナンスと適切なROE経営は車の両輪の関係にあると言える。

上述の通り、日本企業について（1）財務活動と経営資源の配分、（2）リスクと外部環境、（3）時間軸に対する意識の不足が指摘されるが、いずれも日本的経営の強みの裏返しである点を指摘しておきたい。上述の通り、（1）に対する意識の不足は、経営資源の利用、すなわち現場主義という強みへの偏重によりに生じるものだ。また、（2）に対する意識の不足は、終身雇用・年功序列・企業内組合に代表される日本的雇用の下で働く従業員の意識が外部環境よりも社内の環境に意識が向かいがちなために生じるものであり、（3）に対する意識の不足は長期志向への偏重によると考えられる。

こうして考えると、適切なROE経営は日本的経営を否定するものではなく、そこに内在する弱みを補うものであることが分かるだろう。自社の現状と図表3－10左の「理想形」を比較して足りない部分を点検し、一つ一つ高めていくことで、日本的経営の弱みが露呈するのではなく、強みを発揮できるようになることが期待される。

（参考）ROEに類似した指標

ROEに類似した指標として用いられることが多いのが投下資本利益率（ROIC）と経済的付加価値（EVA）の2つだ。まずROICは［営業利益÷投下資本］により算出される。ROEとの最大の違いは、投下資本の内訳、すなわち自己資本と有利子負債の比率が影響しない点だ。これは財務戦略における重要な決定事項であり、企業の中では事業部門ではなく財務部門が担う。財務部門と事業部門の両方の成果を表す指標としてはROEが適しているが、事業部門の成果を直接的に反映する指標としては、ROICの方が適していると言える。事業部門がROIC最大化に努める一方で、財務部門が適切に自己資本と有利子負債の比率を決定するのであれば、ROE経営とROIC経営の間に実質的な差異は生じないと考えられる。

次にEVAだが、こちらは［営業利益（税引き後）－資本コスト×投下資本］により算出される。簡便化のため税金の影響を無視すると、同式は［（ROIC－資本コスト）×投下資本］と書き換えられる。本章②においてエクイティ・スプレッド（＝ROE－株式資本コスト）に言及したが、上式のうち（ROIC－資本コスト）の部分はそのROIC版と位置付けられる。資本コストに自己資本と有利子負債の比率が反映されているため、ROICとは異なり、事業部門及び財務部門両方の成果を反映する指標だ。EVAのユニークな特徴として金額で表示される点が挙げられる。ROEやROICはパーセントで表示されるが、EVAのように金額で表示された方が実感を持ちやすい、との声も聞かれる。

極端な事態が起こらない限り、適切なROE経営を行っていれば自ずとROICやEVAも向上するはずだ。ROICやEVAを重視する経営を行う場合も同様だろう。その意味で、これらの指標に本質的な差はないと言える。どの指標が使い勝手が良いかは事業特性や企業文化等によって異なることが想定される。理論的にどれが正しいか、ではなく、自社にとって使い勝手が良いのはどれか、といった視点で選択するのが現実的だろう。

第4章

日本型コーポレートガバナンスに向けて

ここまでコーポレートファイナンスについて、理論のみならず実数値を使った実証の両面から議論を行った。その中で示した通り、これらについて、特に枠組みのレベルでは欧米から学ぶべきものは少なくない。一方で、日本企業には特有の事情があるのも事実であり、欧米企業を単純に模倣するのも非現実的だ。

本章では、このような独特の事情を踏まえた、日本型コーポレートガバナンスについて議論する。

1 日本企業特有の事情とは

日本企業特有の事情として考えられるのが、従業員や取引先との長期的・安定的な関係だ。日本的経営における企業と従業員の関係については、大藪（２００９）[20]の柔軟貸借モデルによって説明することができる。まず重要なのは従業員に対する職務の割り当てだ。同モデルでは個人の責任を明確に切り分けるのを避け、曖昧な部分を残して一部が重複するように緩やかに設定することで、環境が変化する中でも職務のスキマ（いわゆるポテンヒット）が生じないようにする。責任が重複する職務において、実際にどの従業員が担当するかは、組織的な調整よりも現場における人間関係、ひいては長期的な貸し借りに依存する（「持ちつ持たれつ」の関係と言ってもよい）。ここで多くの職務を担った者は直接的な報酬や人事評価よりも、社内の評判が良くなることでより良い仕事が割り振られるようになり、最終的に社内でのキャリア・アップにつながることで報われる。一方、取引先との関係について代表的なのがいわゆる「すり合わせ」だが、こちらも同様の貸し借りの関係によって説明することができる。

これが有効的かつ持続的に機能するためには、この貸し借りの関係が長期的にバランスすることが必要だ。しかし、この関係は契約等に明示されたものではなく暗黙のうちに生じるもののため、ある時点で見たときにどちらがどれだけ借りているのか（貸しているのか）、判然としないことが多い。これが問題になる典型例が子会社や事業を売却するケースだ。売却候補となる子会社・事業の従業員や取引先との間には過去から貸し借りの関係が積み上がっているが、売却の時点においてそのバランスが判然としない以上、売却先に引き継ぐのは困難だ。売却に伴い過去からの貸し借りが帳消しにされることに不安を覚える従業員や取引先が、売却に反対するケースが多いのも当然だろう。日本企業はM&Aを通じて

（20）大籔毅（2009）『長期雇用制組織の研究 日本的人材マネジメントの構造』（中央経済社）

企業や事業を売却することを敬遠する傾向があるが、背景にはこのような事情があると考えられる。従業員や取引先との長期的・安定的な関係には一定の合理性があり、かつ過去においてある程度上手く機能してきた実績があるものの、暗黙の関係に依存する部分が大きいため、意思決定の不透明化につながりかねない。子会社や事業の売却を含め、外部環境の急速な変化に対して経営資源の機動的な再配分が求められる局面では弱みに転じる懸念がある点に注意するべきだろう。

企業（経営者）と従業員の関係について、もう2点、指摘したい。1つは両者の役割分担だ。欧米企業では外部から経営者を招聘するケースが珍しくないことが示す通り、役割分担は明確だ。一方、日本では長期的・安定的な関係の中で社内の評判を積み上げた「生え抜きの」従業員が経営者になるケースが多いため、欧米企業に比べると役割分担は不明確になりがちだ。逆に言えば、両者の距離感が近く、同じ目線で議論する余地が大きいということでもある。2つ目は経営者の年齢の問題だ。従業員が時間をかけて経営者になるため、日本企業の経営者は高齢になりがちだ。欧米企業の事例でも示した通り、元・経営者は独立社外取締役の有力な引き受け手だが、高齢な経営者が多いということは、その数が限定されることに他ならない。

以下、このような日本企業特有の事情を踏まえ、日本型コーポレートガバナンスについて考えてみよう。コーポレートガバナンスというと株主・取締役会と経営者の関係について論じられることが多いが、経営者と従業員の距離感が近い日本企業が稼ぐ力を取り戻すためには、この部分を変えるだけでは不十分だ。本章では、これに加え、社内（グループ内）のガバナンス（グループ・ガバナンス）や従業員についても併せて論じていきたい。

2 日本型の取締役会・経営者

第3章で述べた通り、まず重要なのは経営者が適切なROE経営を行うことだ。外部環境・経営資源の配分・時間軸に対する意識を高め、リスクを反映した財務によって必要な資金を調達し、最小の費用・投資・リスクによって売上を最大化する。そのために目指す（目指さない）姿とそれを実現する（実現しない）ための取り組みをプランとして示したうえで執行（ドゥ）する。一方、取締役会はそれを監督する、すなわちプランとチェックへの関与を通じてPDCAを機能させる。当面の間、取締役会はドゥの機能を一部担う（従前型のマネジメント・ボード）ケースが多くなることが想定されるが、遠くない将来には監督に徹するモニタリング・ボードへの移行を見据えることになる。これによって透明・公正な仕組み

図表4-1　本書が提案する日本型モニタリング・ボード（概要）

	従前の日本型（マネジメント・ボード）	日本型 モニタリング・ボード	欧米型 モニタリング・ボード
取締役会の主たる担い手	▶経営者（社内取締役）	▶経営者と独立社外取締役が協働	▶独立社外取締役*
独立社外取締役	▶非設置、または一部を占めるにとどまる	▶1/3〜過半数（当面の目安）	▶大半を占める
社内取締役	▶経営トップ ▶CFO等管理部門の担当役員 ▶事業部門の担当役員	▶経営トップ ▶CFO等管理部門の担当役員	▶CEOのみ、またはCEOプラス1-2名
経営に関するPDCA	▶経営者が担う（不十分になりがち） ▶日本独特の事情を暗黙裡に追認	▶経営者が自発的に行う ▶特に財務・リスクや外部環境・経営資源の配分・時間軸を意識 ▶不十分な場合には独立社外取締役が促す	▶経営者に対し、独立社外取締役が促す
指名・報酬	▶取締役会が担う	▶主に委員会が担う ▶指名：コーポレートガバナンスの在り方を議論 ▶報酬：プランに対する本気度を示す	▶主に委員会が担う ▶特に重要なのは指名

（出典）EY総合研究所作成
*通常、欧米型の場合には社外取締役という用語は用いられない。本図表で用いているのは、便宜上の理由による

を通じて迅速・果断な意思決定が可能になる。ここまでが欧米企業から学ぶべき枠組みのレベルの話だ。ここに第1章4〜6で述べた日本企業の現状と、上述の日本企業特有の事情を反映させて考えてみよう（概要を図表4―1にまとめる）。

日本型のモニタリング・ボードへ

まずは取締役会からだ。監督機能を強化しモニタリング・ボードに移行していくことを見据えると、従前に比べて独立社外取締役の比率を高めていくことが必要なのは明らかだ。日本型のモニタリング・ボードにおいても、独立社外取締役が主たる役

割を担う点、（経営者に利益相反が生じる）指名・報酬・監査については独立社外取締役中心の委員会を設けて議論するべき点では、欧米企業と同様と考えられる。

一方で、日本企業における従業員や取引先との長期的・安定的な関係について独立社外取締役が議論に参加するのは困難なため、欧米企業のようにＣＥＯ以外はほぼ全員が独立社外取締役という取締役会の構成では、実効性のある議論は困難なケースが想定される。加えて、独立社外取締役の引き受け手が欧米企業に比べて少ない現状も考慮すると、欧米企業に比べて独立社外取締役の人数（比率）が少なく（低く）なることも容認されるべきだろう。欧米型のモニタリング・ボードのように独立社外取締役が主役になるというよりも、経営者と独立社外取締役が協働する体制と言った方が適切だろう。独立社外取締役の比率については企業の規模や事業特性、株主構成等によって変わってくるため、画一的な適正水準を示すのは困難だが、株式市場の要請なども考慮すると、主要企業についてはコーポレートガバナンス・コードが示す３分の１や過半数辺りが当面の目安となるのではないだろうか。

独立社外取締役の比率を高めるためには、独立社外取締役を増員するとともに社内取締役を減員することも必要となるが、その順序についても指摘しておこう。経営者は大きく①会長・社長（ＣＥＯ）のような経営トップ、②ＣＦＯ等管理部門の担当役員、③事業部門の担当役員の3つに分けられるが、②管理部門の担当役員よりも先に、③事業部門の担当役員が取締役から外れるケースが多いようだ。取締役会では経営資源の配分が重要なテーマとなるため、個別の事業に偏ることなく全社的な視点から議論を行うためには、所管する事業を持たない②管理部門の担当役員の方が適しているとの判断だろう。一方で、③事業部門の担当役員が取締役から外れると、取締役会に個別事業の最新の情報が入らなくなることも懸念される。そこで、③事業部門の担当役員が取締役を兼務しない立場で取締役会に陪席し、議論に加わるという形式も検討に値しよう。実際、第2章③で示した通り、欧米企業では取締役を兼務しない経営者が取締役会や委員会に陪席するケースは珍しくない。

経営者による自発的なPDCAが第一

このような日本型のモニタリング・ボードにおいて経営に関するPDCAに取り組むことになるが、経営者及び独立社外取締役それぞれについて求められることを指摘しておこう。まず経営者だが、以下2点について強く意識することが求められる。1点目は、自発的にPDCAに取り組み、独立社外取締役に対する説明責任を果たすことだ。日本型のモニタリング・ボードでは欧米よりも独立社外取締役の人数が少なくPDCAを促す機能が限定的になりがちであるうえ、経営者と従業員の距離感が近いため、十分な議論が尽くされる前に暗黙の了解や忖度《そんたく》で片付けられてしまう傾向は否めないためだ。2点目は、従前の日本企業においては意識されることの少なかった事項、すなわち財務・リスクや外部環境・経営資源の配分・時間軸だ。これらは特にプランの段階で意識する必要がある。過去に策定したプランを前掲の図表3−10の理想形に当てはめながら、その成果とともにチェックしてみると課題が見えてこよう。

独立社外取締役には日本企業の経営者が上述の2点に適切に取り組んでいるか、といった視点から監督を行うことが求められるが、加えて、以下2つについて特に注意が必要だ。1つ目は、事業活動を経営資源の配分という視点から捉えることだ。日本企業は現場主義の傾向が強く、経営資源の利用という視点から事業活動を説明する傾向があるが、社外者がこの視点から事業活動を理解するのは困難だ。日本企業の現場主義は強みとして尊重しつつも、あくまでも経営資源の配分の視点で監督に当たるべきだろう。2つ目は、日本企業独特の事情である、従業員や取引先との長期的・安定的な関係についてだ。日本的経営の強みと一体という面はあるものの、前節で述べた通り不透明感は否めない。急進的な見直しは適当でないかもしれないが、PDCAを繰り返す中で時間をかけてでも暗黙の関係を明確な関係、例えば取引先であれば契約関係（従業員については本章4を参照）、に変えていくことで不透明性を軽減することが求められる。過去から続いている関係のため、見直しに対しては従業員や取引先からの抵抗が予想されるため、躊躇《ちゅうちょ》する経営者も少なくないだろう。それだけに、独立社外取締役が監督機能を担う立場から対応を促すことが期待される。

次に、コーポレートガバナンスにおいて特に重要な要素となる、指名と報酬について考えてみよう。

指名：プランに基づいた後継者の要件

欧米企業の事例を参考にすると、指名委員会が扱うテーマは、①経営者（特にCEO）の指名・選解任・後継者計画、②社外取締役の指名・後継者計画、③は①②を通じたコーポレートガバナンスの在り方の3つだが、日本企業の現状を踏まえると、当面の最優先課題は③ではないだろうか。日本ではようやく一部の主要企業が伝統的なマネジメント・ボードからモニタリング・ボードへの移行を模索し始めた段階であり、大半の企業は未だコーポレートガバナンスあるいは取締役会の在り方について本格的な議論を始めるに至っていない。独立社外取締役が中心となって、そのような議論の必要性を提起するのが第一歩と考えられる。

次いで①だが、最近、注目されているのが後継者計画だ。社内の評判に基づいてキャリア・アップ（本章1参照）してきた幹部の中から現経営者（元経営者？）の意向により次期CEOが選任される、というのが日本企業における伝統的な選任プロセスだが、不透明感は否めない。独立社外取締役の役割が重要になるが、欧米企業の事例で示した通り、実際には独立社外取締役と経営者の共同作業と考えるべきだ。後継者候補のリストアップや育成・絞り込みといったプロセスで進められるが、日本企業の場合には透明性の確保が最優先課題であり、最初に取り組むべきは長期的な「目指す姿」を踏まえ、後継者に求められる要件を定めることだろう。要件さえ定められていれば、少なくとも情実的な後継者選びは回避できるはずだ。

なお、日本企業の場合、社外取締役の設置・増員が進んだのは最近のため、当面は②が喫緊の課題となるのは、社外取締役の設置・増員に早い段階から取り組んだ一部の企業に限られるのではないか。

報酬：経営者の本気度を示す

日本企業が役員報酬に取り組むメリットとして3つ指摘できる。

1つはプランの精緻化だ。日本企業でも業績連動報酬や自社株報酬が増えているが、業績や株価に単純に連動するものが多く、欧米企業のようにプランで示した取り組みの進捗を反映するものは少ない。このような役員報酬を設計するには、プランにおいて外部環境に対する前提条件を示すとともに、明確な期間とマイルストーンを設定することが求められるため、外部環境や時間軸に対する意識の不足という日本企業の課題に直面せざるを得ない。役員報酬を設計する視点から再考することで、プランを精緻化することができよう。

2つ目は、経営者の評価がより精緻になることだ。これは指名・選解任や後継者計画をスムーズに進めることにもつながる。

3つ目は、役員報酬を通じてメッセージを発信できることだ。メッセージの受け手として想定されるのは株主・投資家だけではない。実は従業員や取引先に対するメッセージとしても役員報酬は有用だ。経営者が口先だけで大胆なプランを示しても、「はしごを外される」ことを懸念する従業員や取引先が懐疑的なスタンスを崩さず、「笛を吹いても踊らない」結果に終始する可能性は否定し難い。一方、プランで示した取り組みの進捗を経営者の報酬にリンクさせたらどうだろう。経営者のプランに対する「本気度」を、株主・投資家だけでなく、従業員や取引先に対して伝えることができるはずだ。従業員・取引先ははしごを外される懸念を抱く必要がなくなり、経営者とともにプランの実現に邁進できる。

一般に日本企業の役員報酬は低水準のため、メッセージを込めるためには増額が必要となるケースもあるだろうが、プランが適切に説明され、かつ取締役会の監督機能が整備されていれば、株主もノーと言うことはないだろう。日本企業の経営者からは「金のために働いているのではない」との声も聞こえてきそうだが、重要なのはそこに込めるメッセージだ。金のために働いているのではないのであれば、受け取った報酬を（欧米企業の経営者のように）慈善事業に寄付すれば良い。

3 日本型のグループガバナンス

経営者が策定したプランをドゥ（執行）するためには、プランを社内に浸透させることが必要となる。また、近年では国内外の企業を買収したり、純粋持ち株会社に移行したりする動きが珍しくないことが示す通り、社内と言っても単体の企業にとどまらず、グループ全体を視野に入れる必要が高まっている。コーポレートガバナンスを機能させるためには、グループガバナンスを機能させることが求められるのである。しかも、日本型コーポレートガバナンスにおいて、グループガバナンスは欧米企業以上に重要だ。日本企業の場合、本章1で述べた長期的・安定的な関係の下、親会社の内部では密接な連携が行われる一方で、（特に買収した外国の）子会社との連携は限定的になりがち、というケースは少なくないためだ。

監督機能の連鎖によるグループガバナンス

グループガバナンスの前に、コーポレートガバナンスについて改めて考えてみよう[21]。上場企業の場合、取締役会が不特定多数の株主に代わって経営者に権限を委譲したうえで説明責任を要求する。コーポレートガバナンスはこのような権限の委譲と説明責任を伴う関係で必要とされるものである（第1章[1]参照）から、上場企業の取締役会と経営者の関係に限定することなく、権限の委譲と説明責任を伴うさまざまな関係に対してコーポレートガバナンスの監督機能の論理を応用できるはずだ。実はグループガバナンスにおいては親会社と子会社の関係（これは株主と経営者の関係でもある）だけでなく、親会社を含むグループ内の各会社内のそれぞれの階層（具体的には経営者〈CEO〉とその直下の担当役員、担当役員と部長、部長と課長等）において、権限の委譲と説明責任を伴う関係が成立している。例えば、CEOは担当役員に一定の目標を与え、達成を促す。同時に目標を達成するための方針について指示を出すが、その方針を具体化して目標を追求するのは担当役員の仕事であり、そこではCEOから担当役員に権限が委譲されている。担当役員は委譲された権限を使って目標を追求すると同時に、CEOに対して報・連・相（報告・連絡・相談）を通じて説明責任を果たす。したがって、親会社と子会社を含むグループ内の各階層の関係に対してコーポレートガバナンスにおける監督機能の論理を応用することができるはずだ。

図表4-2　グループガバナンスにおける監督機能

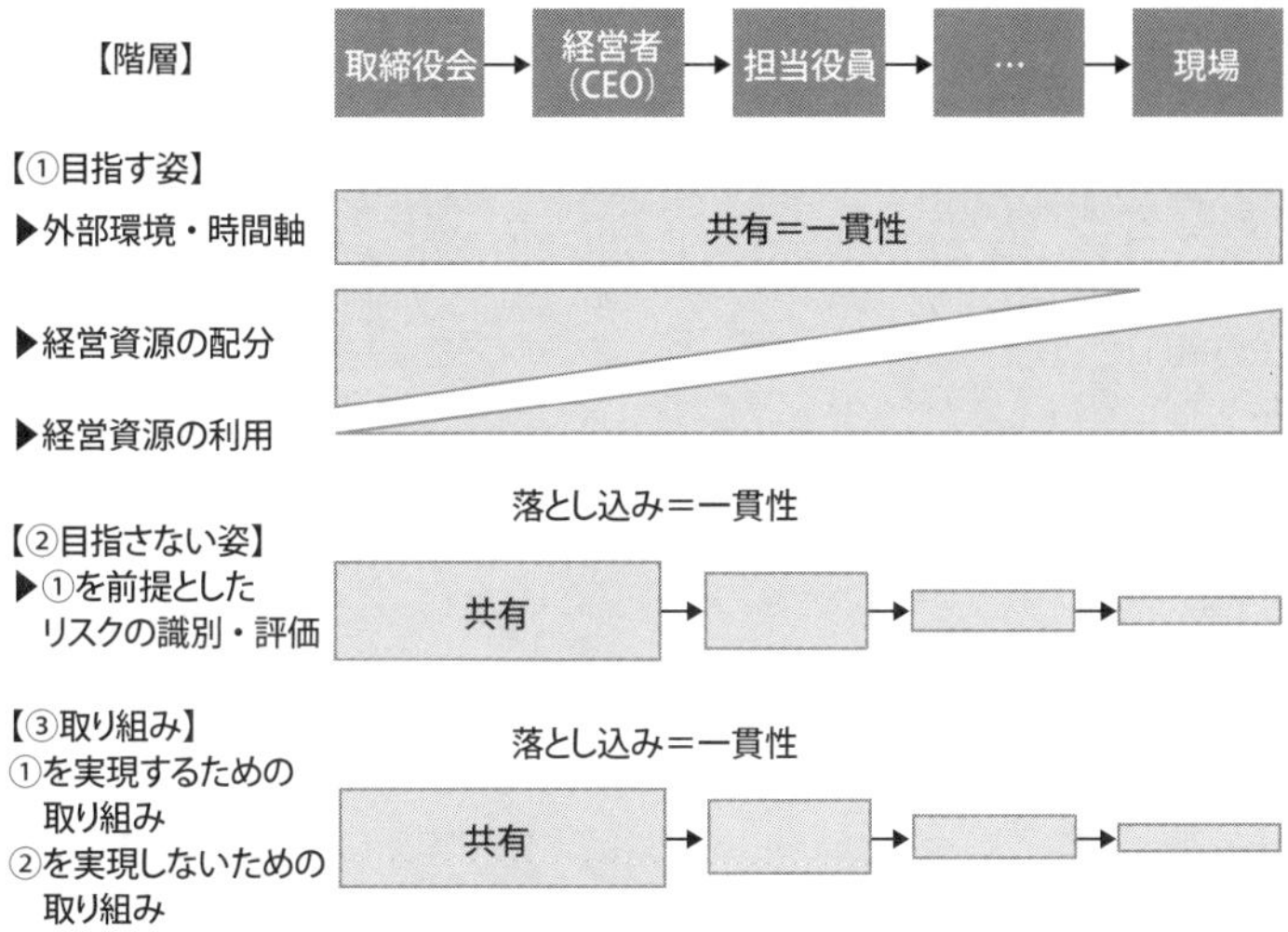

（出典）EY総合研究所作成

具体的なイメージを図表4-2に示す。階層の最上位（同図表左）において取締役会と経営者（ここではCEO）が①目指す姿、②目指さない姿、及び③取り組みを共有する。これを経営者から担当役員、さらにはさまざまな階層を経て現場に至るまで共有する、あるいは落とし込む。コーポレートガバナンスでは株主・取締役会と経営陣の間だけだが、グループガバナンスでは各階層にわたってこの監督機能を連鎖させることになる。

この中で最も重要なのが目指す姿の共有だ。

(21) コーポレートガバナンスとグループガバナンスについては、「企業価値を創出するグループガバナンス――『攻めのガバナンス』を実現する設計と手法――」（藤島裕三・西川友恵、EY総研インサイト Vol.4 August 2015）に詳しい。

どのような外部環境を想定し、どの時間軸で実現することを目指すのか、といったことについてグループの中で認識の相違があってはならない。経営資源の配分・利用についても同様だ。上位の階層では配分の方が重要度が高く、階層を下っていくと利用の重要度が増すことになるが、各階層で認識を共有する必要がある点については外部環境や時間軸と同様だ。目指さない姿や取り組みについては、目指す姿を前提に、CEO以下の各現場に落とし込んでいく形になる。目指す姿についての認識が共有されていないと、目指さない姿や取り組みの一貫性も保たれない。

図表4−2の主張は当然のことのように聞こえるかもしれない。しかし、日本企業は事業の範囲の裾野が広がっているケースが少なくない。親会社の経営者が国内外の子会社・孫会社の経営者と目指す姿を十分に共有できていないケースというのは意外と珍しくないのではないだろうか。典型例は子会社で不正が起きるケースだ。単に不正という目指さない姿を実現しないための取り組み（監査等）が不十分だっただけでなく、目指す姿に関する認識の共有不足が背景にあるケースも想定される。

例えば、外部環境の変化によって子会社の営む事業が過当競争に陥っていたとしよう。このことを親会社の経営者が認識せず、子会社に対して従前通りの経営資源の配分を続ければ、子会社は前掲の図表3−8で示した低ROEの悪循環に陥る。業績の低迷が続く中で子会社が不正防止の体制を整えるために必要なコストを削減したために不正が起きる、あるいは親会社から要求される業績目標を達成するのが困難になり、子会社の現場が不正に走るといったケースも非現実的とは言い切れない。このような場合には、子会社に対して不正防止の策を求めたり、親会社からの管理を厳しくしたり、といった対応策では抜本的な解決には至らない。むしろ、外部環境を共有し、子会社が低ROEの悪循環から脱出する策を親会社・子会社が協力して考えていくことが抜本的な解決への近道となろう。

監督機能の連鎖とROE経営のための経営管理

第3章6で指摘した通り、コーポレートガバナンスにおける監督機能に求められるものと（適切な）ROE経営に求められるものは一致しており、両者は車の両輪の関係に例えられるほど相性が良いが、グループガバナンスにおける監督機能の連鎖についてもROE経営のための経営管理との相性の良さを示すことができる。

ROEはさまざまな要素に分解することができ、第3章4では3つ及び5つの要素に分解する手法を示した。伊藤レポートは3つの要素をさらに細分化する例を示す（図表4-3）とともに、各要素を社内の現場のKPI（Key Performance Indicator）に関連付けていくことを提言している。実際、東京証券取引所が行っている企業価値向上表彰において、

図表4-3　ROEの分解例（伊藤レポートより抜粋）

- ROE
  - ①純利益率
    - 税前利益率
      - 売上高粗利率
      - 売上高原価率
      - 売上高販管費率
      - 営業利益率
      - EBITマージン
      - EBITDAマージン
    - 法人実効税率
  - ②売上高資産回転率
    - 売上高流動資産回転率
      - 在庫回転日数
      - 現金回収サイクル
    - 売上高固定資産回転率
      - 稼働率
      - 歩留り
      - 設備投資（能力増強、メンテナンス）
      - 床面積当たり売上高
  - ③財務レバレッジ
    - 有利子負債比率
    - 有利子負債／EBITDA
    - インタレスト・カバレッジ・レシオ
    - コアTier1比率
    - 外貨調達

（出典）経済産業省よりEY総合研究所作成

２０１４年度に大賞を受賞したオムロンはＲＯＩＣ、15年度に同じく大賞を受賞したピジョンはＰＶＡ（ＥＶＡに近い同社の独自指標）を細分化する手法を社内管理に活用している。第３章末で述べた通り、ＲＯＩＣやＥＶＡはＲＯＥに類似した指標であり、オムロンは３年連続、ピジョンは８年連続で二ケタのＲＯＥを生み出す高ＲＯＥ企業だ。このような経営管理には、各従業員が自らの役割・目標（特にＫＰＩ）と全社の企業価値への貢献を実感しやすく、従業員のプロフェッショナルとしての意識を高める（詳細は後述）ための手段としても有効だ。

　このような経営管理で懸念されるのが、安易なＫＰＩの設定によって責任が現場に押し付けられることだ。外部環境が悪化しているのにKPIだけが引き上げられる、十分な経営資源を配分されないまま現場にKPIという数値目標が押し付けられる、現場が目先のKPIの達成に追われて中長期的な取り組みが疎かになる、現場の業務に上層部が口を出す一方でKPIを達成する責任だけが現場に押し付けられる、といった事態が想定される。いずれも権限の委譲を前提に外部環境・経営資源の配分・時間軸を共有する監督機能の連鎖を機能させることによって回避できるはずだ。

ここで経営資源の配分について、特に付言しておくべきだろう。十分なROEの達成が見込まれない企業において、原因が経営資源の配分（＝主に経営者が担う）にあるのか、経営資源の利用（＝主に現場が担う）にあるのか、というのは極めて微妙な問題だ。一概にどちらが正解とは言い難いが、社内の議論が原因を一方だけに押し付けるような論調で行われるとすれば、それは不毛な内容にならざるを得ないだろう。経営資源の配分と利用、両方を以ってROE向上を図るというスタンスで議論を進めることで、実効性のある結論の導出に取り組むべきだ。図表4-3のようにROEを細分化するケースに限らず、KPIを用いた社内管理を本格的に取り入れる際には、監督機能の連鎖によるグループガバナンスの整備を併せて進めるべきと言える。

4

日本型の従業員

第2章6において、取締役会の監督機能が経営者にプロフェッショナルとしての意識を求めるものである点を指摘した。グループガバナンスを通じて監督機能が現場にまで連鎖される場合には、（経営者ほどではないにしても）現場で働く従業員にもプロフェッショナルとしての意識が求められるようになるだろう。これは、本章1の末で指摘した企業と従業員の関係を明確化することにもつながると考えられる。

プロフェッショナルとしての意識とコミットメント

まず、全社（全グループ）として目指す姿と、その中で自らに落とし込まれた目指さない姿や取り組みについて理解する必要がある。特に重要なのが取り組みであり、そこで自らに課された成果やマイルストーンの達成にコミットメントすることに加え、説明責任を果たすことが求められる。

例えば、達成できなかった場合には、外部環境について想定外の変化があったためなのか（外部環境）、経営資源が不足していたためなのか（経営資源の配分）、あるいはいつまでなら達成できるのか（時間軸）について、自らの努力（経営資源の利用）とともに説明する、といった具合だ。この説明責任はPDCAと表裏一体であり、プラン、すなわち目標とする成果やマイルストーンを設定する段階から、経営資源の配分等を含めて上司と十分な議論を行うこと、さらにチェック＝説明責任を経てアクションに結び付けることが求められる点が重要だ。一連のPDCAの中で経営資源の配分等について自らが議論に参加し、納得したうえで成果やマイルストーンを設定するため、達成できなかった場合の説明責任は一層重いものになる。

なお、従業員の昇格・昇進や給与・賞与（経営者の指名・報酬に相当する）については、成果やマイルストーンの達成状況だけでなく、説明責任の状況等、他の要因も含めて決定することになろう。「コミットメントする」からといって達成できなかったら即クビ、ということではない。プロフェッショナルとしての従業員に求められるのは、コミットメントする意識と、説明責任を果たせるような働き方と言えよう。

従業員の立場からすれば、コミットメントや説明責任を求められることでプレッシャーを感じる機会が増えるかもしれないが、自らが能動的にPDCAに参加する部分が大きくなるため、人事評価が良い場合でも悪い場合でも一定の納得感は確保されるはずだ。キャリア・プランについても、自身で決められる範囲が広くなると考えられるため、自己研鑽にも従前以上に積極的に取り組めるようになろう。新陳代謝が遅れ、従業員が創出した付加価値に適正な対価が支払われない現状では、従業員の努力や能力を昇進・昇格や給与・賞与といった処遇に反映させるのは難しい。最悪の場合、業績悪化を理由に、個々の従業員の努力や能力と無関係に一定年齢以上の従業員に対して退職を迫るようなケースも想定される。従業員にしてみれば、このような閉塞感を感じる職場に比べれば、プロフェッショナルとして扱われる職場の方がストレスは少ないのではないだろうか。

「仕方がない」では済まされない

日本企業の従業員は「サラリーマン」と揶揄されることも多いが、実際には終身雇用や年功序列はすでに崩れつつあり、目標管理や成果主義といった人事制度の導入も進んでいる。プロフェッショナルとしての要素を備えつつあるのは事実だ。では、ここまで述べたプロフェッショナルと従前の日本のサラリーマンは何が違うのか、といった疑問を持つ読者もいるだろう。

最大の違いは、監督機能の連鎖というグループガバナンスを伴うため、「仕方がない」では済まされなくなることだ。監督機能の連鎖が機能しないケース、例えば、成長が期待される新たな事業（成長事業）に高い目標を設定する一方で、十分な経営資源（特に資金や人材）

が配分されない、といったケースを考えてみよう。典型的なのは、旧来からの事業に対する経営資源の配分を維持するために、新事業に思い切った配分が行われない、といったケースだ。これでは、最初から目標を達成できない理由、すなわち「(十分な経営資源を配分されていないのだから)仕方がない」という言い訳を予め与えているのと同じことだ。従業員がコミットメントし、説明責任を果たす環境ができていないと言える。外部環境に対する認識が伴わない場合も結論は同様だ。過当競争に陥っているという外部環境の変化を正面から認識することなく、従前通りの目標を課されても現場が疲弊するだけだ。外部環境の変化を反映した経営資源が再配分されない限り、目標を達成できなくても「仕方がない」と言う余地が残ってしまう。

本章[3]で述べたグループガバナンスに関連して、親会社と子会社の関係で「仕方がない」が生じる余地についても指摘しておこう。日本企業において終身雇用や年功序列が崩れつつある点を指摘したが、実際に社内で降格になることは滅多にない。多くの場合で用いられるのが子会社への転籍だ。雇用確保の点では有効だが、子会社の事業について知識・経験が乏しいにもかかわらず、親会社の出身者というだけの理由で重要なポスト(役員や管理職)に就く場合には、経営資源の配分の(質的な)歪みに他ならない。子会社の従業員に「仕方がない」と言う余地が生じるのは明らかだろう。これも監督機能の連鎖が不十分な典型例の1つだ。

このように、監督機能の連鎖が不十分な状態では、従業員にプロフェッショナルとしての意識を求める以前に、社内（グループ内）に歪みをもたらす結果になりかねない。ROE経営や欧米型のコーポレートガバナンスを取り入れた日本企業において、十分な成果を得られなかった事例が散見されるが、このパターンに陥ったケースもあると考えられる。逆にグループガバナンスを通じて監督機能が連鎖する場合、経営者は外部環境に対する認識を明確に示し、これに整合した経営資源の配分が行われるはずだ。これにより従業員にとってコミットメントする環境、すなわち「仕方がない」を言う余地のない環境が出来上がる。監督機能を一貫して連鎖させることで、歪みよりも従業員の意識を変える効果の方が大きくなることが期待される。

日本的雇用との関係

このようなプロフェッショナルとしての働き方と日本的雇用（本章1で述べた柔軟貸借モデルを想定）の関係について改めて考えてみよう。日本的雇用が機能するためには、高度経済成長期のような安定的な外部環境と右肩上がりの成長が暗黙の前提となっている点を見逃してはならない。外部環境の変化が穏やかな範囲にとどまる場合、経営資源の配分を大きく変える必要性は乏しく、現場の人間関係によって担当する職務を柔軟に調整する日本的経営は効率的に機能していた。また、経済成長が続いている間は中高年の従業員よりも若い従業員の方が人数が多いため、長期的な社内の評判に基づく仕事の割り振りもインセンティブとして機能しやすかった。

しかし、今日では少子高齢化で中高年の従業員の割合が高まる中、このようなインセンティブは機能しにくくなっている。また、環境変化が激しいため、現場の人間関係ではなく、組織として経営資源を再配分することが求められる機会が増えている。同時に必要とされるスキルも大きく変化しているため、必要とされる人材と長期的な（＝過去の）社内の評判に基づいて仕事を割り振るべき人材の間にミスマッチが生じやすくなっている。また、環境変化に対応する手段としてＭ＆Ａが挙げられるが、問題はＭ＆Ａ後の統合プロセス（ＰＭＩ、Post Merger Integration）だ。異なる歴史・文化を抱える企業とのＰＭＩでは、日本的経営のように個々の従業員の職務が曖昧に設定されている場合よりも、明確化されている場合の方がＰＭＩの作業がスムーズに進むのは明らかだろう。逆に日本的経営における長期的な社内の評判への依存は、迅速なＰＭＩの足かせになる可能性が否定し難い。

今日において、上述のような日本的雇用を全面的に維持している企業はむしろ少数派だろう。多くの企業で、目標管理等プロフェッショナルとしての意識を促す方向の変化はすでに始まっていると考えられる。従前は個人としての役割や目標を重視する傾向のあった欧米企業でも、チームへの貢献を重視する方向に舵を切る動きが見られるようだ。[22] 日本的経営を全面的に放棄する必要はないが、グループガバナンスとともに従業員をプロフェッショナルとして機能させる方向の取り組みを進めることが求められよう。

働き方改革との関係

最後に、安倍政権が進める働き方改革との関係について考えてみよう。２０１６年12月20日、同政権が設置した働き方改革実現会議は「同一労働同一賃金ガイドライン案」を公表した。「職務や能力等の内容を明確化と、それに基づく公正な評価の推進」を求める内容になっており、方向性としては本節で述べた「従業員にプロフェッショナルとしての意識が求められる」という主張と一致している。一方で、八代（２０１５）が指摘する通り、働き方に関して日本の課題は労使の対立よりも労働者（従業員）間の対立（同書では労・労対立）であり、具体的には正規・非正規に加え、性別・年齢・国籍、あるいは大企業と中小企業といったさまざまな局面における障壁であり、さらには紛争が生じた際にそれを解決するためのシステムについての不公平感・不透明感だ。このように考えると、同ガイドラインは働き方改革の第一歩に過ぎないと言える。

伝統的な労働法学は「労働者（従業員）が企業等の使用者に従属している状況を法的な正義に反するもの」[23]〈（　）内は筆者〉とのスタンスから、従業員の保護を重視する傾向があるようだ。一方、前述のように従業員をプロフェッショナルとする場合、従業員と企業の関係は従属ではなく対等となる。一部の従業員（例えば正規・男性・中高年・日本人等）を過度に保護すると対等な関係を歪め、グループガバナンスの機能を妨げるだけでなく、従業員間の対立を深めることが懸念される。企業と個々の従業員の間では企業の方が交渉力が強いため、今後も従業員を保護する法規制が不要になるとは考え難いが、従業員の保護に偏った法規制に弊害が見られるのも事実だ。従業員を保護する視点とプロフェッショナルとしてその能力を活かす視点でバランスを取る必要があると言えよう。

5　ナンバーワンと称された時代の輝きを取り戻すために

本書では、コーポレートガバナンスについて欧米企業から学ぶべき、と述べた。しかし、

(22) 松丘啓司（2016）『人事評価はもういらない——成果主義人事の限界』（ファーストプレス）より。
(23) 大内伸哉・川口大司（2014）『法と経済で読みとく雇用の世界——これからの雇用政策を考える（新版）』（有斐閣）より。

日本にはマネジメント・ボードの特徴を持つ取締役会と監査役（会）制度を中心とした独自のコーポレートガバナンスがあり、（賛否両論はあるものの）実際に高いレベルで機能している事例も聞かれる。ROE経営や従業員の意識・働き方についても同様だ。ROEが伊藤レポートの示す8％という水準を中長期的に上回っている日本企業も（割合は低いが）ないわけではない。また、東証一部上場企業だけでも1484万人[24]の雇用を創出しており、日本的経営において高いモチベーションを持って働き、企業価値向上に貢献している従業員もいるはずだ。このように、日本独自のコーポレートガバナンスが上手く機能している事例がある以上、これを高めていくことで稼ぐ力を取り戻すという選択肢も否定し難い。にもかかわらず、なぜ、「日本独自」はダメで、モニタリング・ボード、（適切な）ROE経営、グループガバナンス、プロフェッショナルとしての意識・働き方といった欧米流を学ぶ必要があるのか、といった疑問にも一理ある。実際、筆者が有識者や経営者・実務担当者と議論する中で、同様の疑問を聞いたことは一度や二度ではない。

この疑問に答えるうえで重要なのは、モニタリング・ボードによる監督の下でROE経営に邁進することが、財務活動と経営資源の配分・リスクと外部環境・時間軸に対する意識といった、日本企業の苦手分野の克服につながることだ。今日では、新陳代謝の遅れによる過当競争により、日本企業が強みである現場主義（経営資源の利用）を通じて創出する付加価値が適正に評価され難い環境に陥っている。過当競争という外部環境と向き合い、適切な時間軸を定めて経営資源を再配分することで新陳代謝が進めば、過当競争から脱却し、現場主義による付加価値が適正に評価される環境が整うはずだ。日本独自のコーポレートガバナンスがダメだから、ではなく、日本企業の苦手分野を克服し強みを発揮する環境を得るために欧米企業から学ぶ、と受け止めるべきだ。

加えて、学ぶべきはあくまでも枠組みのレベルであることも付言しておきたい。欧米企業の枠組みを取り入れるということは欧米企業と同じ経営をするということではない。事実、欧米には同じ枠組みを採用しながらも、個性豊かな企業が多く見られる。枠組みを取り入れる中で、新たな日本独自のコーポレートガバナンスを体現するものとして、図表4-1に示した日本型モニタリング・ボードを構築することを考えるべきだろう。

日本的経営は日本人の民族性に深く根差したものであって変えられない（変えるべきではない）とする意見も聞かれるが、その中には戦時経済の中で形成されたものが少なくない。[25]日本的経営の真の強みとは、いわゆる三種の神器（終身雇用、年功序列、企業別組合）やメイ

---

(24) 2015年8月〜16年7月の決算期末時点。QUICKより。
(25) 野口悠紀雄（2010）『1940年体制——さらば戦時経済（増補版）』（東洋経済新報社）より。

ンバンク制のような表面的なものではなく、外部環境の中で勝ち抜くため組織全体として努力する能力にあるのではないだろうか。本書の冒頭で言及した「ジャパン アズ ナンバーワン」も、「日本人の忠誠心とか愛国心は先祖代々受け継がれたものではなく、組織全体の努力のなかから生み出され、呼びさまされたものである」としている。従業員や取引先との長期的・安定的な関係に支えられた現場力に代表される、日本企業の強みは健在だ。日本的コーポレートガバナンスの確立によって日本的経営の弱みを克服すれば、その強みを発揮し、再び「ナンバーワン」と称された時代の輝きを取り戻すための舞台が整うはずだ。

第5章

対談

――エーザイ株式会社・柳良平常務執行役CFO

本書では、日本企業の稼ぐ力を取り戻すというコーポレートガバナンス改革の意義と、その中で企業に求められる取り組みを明らかにし、企業の経営者や実務担当者に対するヒントとすることを目指してさまざまな主張をしてきました。これらの主張を机上の空論としないため、最後に企業経営の最前線で実務に携わる方からご意見をいただく場を設けることにします。私見でご意見をいただくのは、エーザイ株式会社の柳良平常務執行役CFO（最高財務責任者）です。柳さんは実務において、ROE経営とコーポレートガバナンスのベスト・プラクティスを実践するべく奮闘するとともに、早稲田大学大学院兼任講師、東洋大学客員教授（2017年4月就任）として教鞭を執り、さらには東京証券取引所上場制度整備懇談会委員や経済産業省企業報告研究会（伊藤レポート）委員等の公職も務められています。

低ROEの理由とは

筆者：柳さんは「伊藤レポート」のプロジェクトにも執筆委員として参加し、ROEを題材とした書籍(26)も執筆されていますね。日本企業の稼ぐ力、すなわちROEが低い理由について、ご意見をお聞かせください。

柳氏：端的に言って、ROEは企業価値の代理指標と考えています。デュポン・システムで考えるとレバレッジ（財務レバレッジ）、ターンオーバー（総資本回転率）、マージン（売上高利益率）の3つのうち、日本企業はマージンが極端に低い、ここに問題があります。稼ぐ力の弱いことが、マージンの低迷、ROEの低迷、長期の企業価値ひいては株価の低迷につながっています。そこをアンロックすることがコーポレートガバナンス改革のカギと思います。

筆者：本書では、デュポン・システムを発展させた独自の手法によって日本企業のROEを分解していますが、そこでもマージン（ここでは営業利益率）が低いことが最大の要因、という結論に至っています（第3章④参照）。日本企業のマージンが低い理由についてはどのように考えますか？

柳氏：まずはイノベーションの欠如・低迷が挙げられるのではないでしょうか。例えば、ソニーのウォークマンのような市場を席巻するようなテクノロジーは、かつては日本企業から発信されていました。最近ではマイクロソフト、アップル、グーグル、フェイスブック等、米国の巨大IT企業から発信されるものが目立つ一方で、日本発のものが少なくなっている気がします。その原因はいろいろあると思いますが、

---

(26) 柳良平（2015）『ROE革命の財務戦略』（中央経済社）

例えば、規制、ベンチャーが育たない環境、人材の流動性（の不足）、リスクを取らない文化、過去の成功体験への執着が挙げられます。

本書で指摘されている通り、過当競争も稼ぐ力を低迷させる重要な要因です。非効率な企業が生存していることによって、薄利多売、マーケット・シェアの奪い合いが起こっています。イノベーションの欠如した、似たような製品で中小も含めた多くの企業がひしめき合うので、どうしてもマージンが取れません。

なぜ過当競争が起きるか、というとコーポレートガバナンスの問題にも帰結します。日本企業の平均ＰＢＲは１倍に過ぎず、４割の企業で１倍割れという、先進国では例を見ない価値破壊の国に財務理論上なっています。米国は３〜４倍が当たり前、１倍割れはほとんど見られません。米国ではＰＢＲ１倍割れの企業で何年もＣＥＯを続ける、あるいは企業自体が存続することはできません。取締役会で代表権を奪われる、株主総会で解任される、敵対的な買収の嵐にさらされる、これらによって淘汰されます。一連のコーポレートガバナンス改革以前の日本では、極論すれば、内部者のみの取締役会で代表権を奪われることはない、持ち合いでロックされた株主構成により株主総会で解任されることもない、社会的通念として敵対的買収も起こりません。他社を買うのは良いけど、自社が買われるのは嫌だという企業文化もあります。結局、合従連衡が進まず過当競争の状態が続き、ＰＢＲ１倍割れにもかかわらず多くのプレーヤーが生きながらえてしまっている蓋然性が高いといえます。国が取り組むべき問題もあります。例えば法人税率の違い。米国企業はさまざまな税務戦略を行って税率を下げていますが、日本企業の税務戦略は硬直的な感が否めません。高いエネルギー・コストや終身雇用のコストも挙げられます。後者については長期・安定的な労働力の確保や従業員の忠誠心等のメリットもあると思いますが、高度経済成長期以降はその硬直性が足かせとなっているとの指摘も聞かれます。

筆者：過当競争についいては、本書でも新陳代謝の遅れということで指摘しています（序章参照）。また、ＲＯＥについても独自の手法を使って欧米企業と日本企業を比較し（第３章④参照）、日本企業のＲＯＥが低い原因として大きい順に、営業利益率が低いこと、投下資本の多くが金融資産や不動産といった非事業資産に流出していること、法人税率が高いこと、以上の３つを指摘しています。

柳氏：利益率が低いだけでなく、必要以上のキャッシュを持ちすぎる、という側面もありますね。日本の上場企業は１６０兆円の手元キャッシュを持っており、未だに15％の企業は手元キャッシュが時価総額を上回っています。これが低ＰＢＲに結び付いているのは明らかでしょう。使いもしない、株主に還元もしないキャッシュを「いざという時のために」持っている。これはコーポレートガバナンスの問題、つまりエージェンシーコストでもあり、株式市場からの評価にも影響しています。拙著の投資家アンケートによると、機関投資家は日本企業が持つキャッシュを50％程度にしか評価していません。これはガバナンス・ディスカウントと言えるでしょう。

筆者：株主がリスクテイクのために経営者に託した資金が、銀行預金として眠っているということは、リスクをテイクできる資金が、リスクをテイクできない資金に変わってしまっているということです。世の中全体として、相当損をしているように思われます。

柳氏：それに資本コスト、例えば８％を掛けた分が、機会コストということになります。相当な金額ですね。事業に使って下さい、と言って株主が託した資金が使われず、経営者の保身に使われてしまっているケースが多々あります。それが非効率な投下資本の活用につながっていると言えるでしょう。

筆者：いろいろなものがつながっていますね。

柳氏：その通りです。イノベーションの欠如や過当競争、非効率な投下資本の利用、過大な手元キャッシュ、金融リテラシーの欠如、コーポレートガバナンス強化の遅れ、稼ぐ力の弱さ等、全てがつながっています。それを改善するために、コーポレートガバナンス・コード、スチュワードシップ・コードという2つのコードや伊藤レポートが出されています。それらを正しく理解して取り組んでいく必要があるのですが、まだ緒に就いたばかりです。

筆者：コーポレートガバナンス・コードは企業（経営者）の迅速・果断な意思決定を促すことを意図しています。実際の数値を見ると、社外取締役の人数が多い企業では、投下資本の有効活用度が高く、迅速・果断な意思決定が行われている傾向が見られます（第1章6参照）。

柳氏：コーポレートガバナンスの効果は数値にも表れているのですね。

雇用の確保と新陳代謝の両立

筆者：本書では日本企業が稼ぐ力を取り戻すために、新陳代謝の遅れがボトルネックになっていることを指摘しています。

柳氏：経済同友会が資本効率の最適化委員会を立ち上げて、1回目の提言を発表していますが[27]、その中ではROEを高めて資本コストを上回る、すなわち正のエクイティ・スプレッドを創出すべきという主張をしているのですが、そのためには新陳代謝が必要、ということを強調しています。日本企業の経営者は足し算は得意だけど、引き算が苦手、すなわち事業や企業を買うのは得意だけど、売ったり撤退したりといった意思決定ができないようです。

筆者：撤退の意思決定が難しいということでは、雇用を守る、ということとも関係しているのでしょうか？

柳氏：雇用を守ることは大事なことですが、そのために不採算・不必要な事業を維持し、稼ぐ力が弱く株価も低い、ということを超長期にわたって放置してしまうのでは、上場企業として、特に取締役会は株主の代表として受託者責任を果たしていないことになってしまいます。日本の土壌を考えたときに、雇用の維持は重要と思いますが、それを前提とした戦略的なパートナーへの譲渡による撤退というのは不可能ではないと思います。

2010年以降、弊社は認知症治療薬「アリセプト」という主力商品の特許切れを受け、新しい企業として生まれ変わる必要を迫られました。構造転換、事業ポートフォリオの見直しの中で、持ち合いの解消、不要な固定資産の売却、CCC（キャッシュ・コンバージョン・サイクル）の改善も行いました。工場や子会社の友好的譲渡も行っています。一番分かりやすい例は農薬事業です。黒字で良い技術を持っていましたが、医療用医薬品、特にガンや認知症に特化する弊社グループとのシナジーは乏しく、このままでは価値を最大化することはできない状況でした。そこで、雇用の維持を前提のうえで株式会社ローソン様に譲渡しました。当時、同社はアグリビジネスに力を入れていました。野菜を同社の1万の店舗で売るとなると、提携農家を含め、多くの農家に肥料を納めることになり、農薬事業は大きな成長が期待できます。従業員も雇用が安定化したうえで業績の伸びるグループに属することができ、自分たちの仕事も評価されることになります。雇用を守るためには新陳代謝は絶対できない、と言って壁を作るのではなく、雇用を守ったうえで新陳代謝の促進と企業価値の向上を進める、というやり方もあると思います。

筆者：雇用を守ることの重要性については同感です。不採算の事業は持続可能でないので、雇用確保のために事業を継続したとしても、それでは特に若い従業員の雇用を守り通すことにはつながりません。であれば、完全に不採算な状態に陥る前に、黒字を確保できているうちに、次を探すことも重要ということだと思います。

柳氏：そうですね。価値を最大化できるグループに入れていれば、特に若い世代の従業員

---

(27) 経済同友会「資本効率最適化による豊かな社会への第1次提言『収益力を強化する事業組換えの実践』」(2016年6月24日)

は能力を発揮し、成長することができます。それは10年後の給与・賞与にも反映されるでしょう。成長を見通せない事業を継続し雇用を維持したとして、仮に倒産はしないとしても、成長がなければ給与は上がりにくいでしょう。

筆者：不採算な事業を継続すると、アップサイド（良くなる可能性）はほとんどないでしょう。一方で、事業に伴うリスクをゼロにすることはできないので、ダウンサイド（悪くなる可能性）だけが残る、これは相当なストレスだと思います。それであれば、一定のダウンサイドを受け入れたうえで、アップサイドがある状態にして全体のバランスを取る、頑張ればアップサイドに近付ける、こちらの方がよほどストレスは少ないと思います。従業員が価値を創出できる環境を作ってあげる、ということが重要だと思います。

柳氏：アメリカのようにドラスティックに人員整理するというのは日本の土壌に合わないと思いますが、雇用を友好的に確保してもらえるパートナーへの譲渡であれば、従業員にとってもメリットが大きいと思います。Ｗｉｎ-Ｗｉｎの関係と言えるでしょう。Ｗｉｎ-Ｗｉｎによる合従連衡や新陳代謝が、日本全体で起こっていけば、全体の底上げが進み、個々の企業の稼ぐ力もついていくでしょう。それによって長期的なＲＯＥが二桁の国、高付加価値の国になれる。そのためのヒントがここにある、経済同友会の提言も同じ趣旨だと思います。

筆者：この点では、金融政策との関係も重要だと思います。新陳代謝が進まないと安売り合戦が続くため、デフレ脱却は遠のき、金融緩和はただお金をばらまくだけの政策になってしまいます。為替を円安に誘導して、日本人の労働力をも安売りするだけの結果に終わりかねません。

柳氏：金融緩和が底なし沼になってしまう、ということですね。それは国益ではないと思います。

株主の声を聞く

筆者：柳さんはご高著で、「外側の声を知り、内側を変える」ことを主張されていますね。(28)

柳氏：双方向のコミュニケーションが重要です。株主・投資家、あるいはさまざまなステークホルダーの質問や意見をフィードバックし、耳を傾けます。社内の常識は社外の非常識、ということもありますので、いろいろな気付きを得ることができます。それを改善につなげる。これによってＷｉｎ－Ｗｉｎの企業価値向上を図ることができ、

(28) 柳良平（２０１５）『ＲＯＥ革命の財務戦略』（中央経済社）

説明責任を果たすことができます。

筆者：説明責任を果たす際のフレームワークが、柳さんが言われた金融リテラシーかと思います。これがない状態で株主と話そうとしても、上手くいかないのではないでしょうか。

柳氏：それは共通言語としてのツールとして必要だと思います。企業はオペレーショナルですが、株主・投資家はファイナンシャルです。金融リテラシーに則り論理的に説明しないと曖昧なステートメントになってしまい、投資家を納得させることができません。当社は頑張っている、人が大事、理念が大事、というのは美しいステートメントです。あるいは、いざという時のために手元にキャッシュがあった方が良い、というのも情緒的かつ美しいステートメントですが、曖昧で論理的でないために、企業価値に織り込むことができず、逆に疑心暗鬼からディスカウントを受ける結果になりかねません。

例えば、なぜ100億円というキャッシュをバランスシート上に持っておく必要があるのかを説明するのに、「キャッシュがあった方が安心だから」「いずれ投資に使うから」だけでは納得させることはできません。投資するのであれば、どのようなエリアにどのような投資をするのか、どのような投資採択基準を持っているのか、といったことが問われます。また、キャッシュはあればあっただけ安心、というのではなく、運転資金として月商○○カ月分は必要、といった論理的な内容で説明できなくてはなりません。配当政策についても、最適な配当政策は最適な資本構成とリンクしています。その前提として資本コストのレベルについてどう考えるか。これらはすべて、資本政策のトータル・パッケージとしてのフレームワークであり、金融リテラシーです。

ROE経営とコーポレートガバナンス

柳氏：海外の機関投資家、特に年金基金と議論していると、面白いことを言われます。こちらから、「日本は近年コーポレートガバナンスを強化しました」と言うと「ナイス・トゥ・ハブ（良いことだ）」だ、と返事が返ってきます。「日本もコーポレートガバナンス・コードを導入しました」「独立社外取締役を最低2名入れようとしています」と言っても同じ返事です。いずれも「マスト・ハブ（必要なことだ）」という返事ではないわけです。では、必要なのは何か、と言うと「コーポレートスチュワードシップ」だそうです。企業経営者としての受託者責任と言っても良いでしょう。コーポレートガバナンスはより上位の概念として重要ではありますが、それ以前に必要なのが、経営者としての日々の業務に関する受託者責任です。言い換えると、株主価値を担保する経営者のポリシーであり、その一翼を担うのがCFOのポリシーです。仮に社外取締役がゼロでも、高度なCFOポリシー、つまり価値創造のための高度な資本政策を以って安定的に二ケタのROEを中長期的に達成できるのであれば、それで良いわけです。逆に社外取締役が過半数だけど資本コストは良く分かりません、ROEはずっと2%だけど黒字だから良いでしょう、ではダメなのです。

筆者：コーポレートスチュワードシップを監督する仕組みがコーポレートガバナンスであり、コーポレートスチュワードシップがなかったら、監督する仕組みであるコーポレートガバナンスも成り立たない、ということですね。本書でも、ROE経営のためにやるべきことと、コーポレートガバナンスにおいてやるべきことの間には、本質的には差がない、ことを明らかにしています（第2章6 7及び第3章6参照）。経営陣が外部環境を時間軸に沿って明確化し、経営資源の配分や財務活動を合わせて示していくことが必要、これがコーポレートスチュワードシップ。それがあって初めて取締役会によるモニタリング、すなわちコーポレートガバナンスが機能する、ということだと思います。コーポレートガバナンスに詳しい若杉敬明東京大学名誉教授は、コーポレートガバナンスの目的について「経営者から良質な経営を引き出すことにある」[29]と述べています。経営者が自ら良質な経営をしようとする、それを独立社外取締役が後押しする、というのがコーポレートガバナンス、と言うこともできると思います。

柳氏：その通りだと思います。深澤さんの言葉では適切なROE経営、私の言葉では最適資本構成に基づく最適なROEあるいは配当政策、これはリスクと価値創造の連関をどう捉えるか、ということです。

筆者：本書でも、ROE経営にはリスクを考慮することが重要であることを指摘しています（第3章[3]参照）。

柳氏：日本企業の経営者もリスクがあることを分かっている、認識しているからこそ、キャッシュを積み増したくなってしまうのでしょう。重要なのは許容できるリスクを定量化することです。弊社では資本政策を定めたCFOポリシーを日本語・英語で作成し、グローバルで共有することでコーポレートスチュワードシップを実践しています。そこではハードル・レートを柱とする投資採択基準や定量的な最適資本

(29) 若杉敬明監修、大和総研経営戦略研究所編（2008）『コーポレートガバナンス・マニュアル――21世紀 日本企業の条件（第2版）』（中央経済社）より。

構成を示していますが、いずれもカギとなるのはリスクです。ハードル・レートはリスク別に200種類設定していますし、最適資本構成はシングルA格を維持できる財務リスクの水準を意識して設定しています。

筆者：7〜8割のレベル感で定量化できていれば十分で、残りの2〜3割について定量化し切れない部分が残るのは仕方がないと思うのですが、日本企業ではそれを理由に定量化できる部分についても定量化を避ける傾向があるように思われます。

柳氏：生真面目な会社ではそういう傾向もあるかもしれませんね。ウォーレン・バフェットは「緻密に間違うよりも、ザックリやって合っている方が良い」と言っていますが、その通りでしょう。

ROE経営を社内に浸透させるには

筆者：日本企業でも、ROE経営の必要性を感じている人はいると思うのですが、社内で理解を得るのが困難、というケースは少なくないようです。

柳氏：個々の企業の歴史や文化によって違うと思いますが、確かに担当者が正論で経営トップに上げても、政治的には通らないケースは多いと思います。
最も重要なのはCEOのコミットメントだと思います。CEOに理解していただくには、外部の声、チェンジ・エージェントが必要になるケースもあるでしょう。弊社では、私のような中途採用の金融専門家が、理解のあるＣＥＯと良い関係を構築し、周りを引っ張っていくことができていると思います。また、株主の声、エンゲージメントも重要です。保守的な経営者も、知見の高い複数の株主、外国人だけでなく日本人の株主にも言われたとなると変わるかもしれない。外部のコンサルタントや学者、あるいは本書のような書籍も効果があるかもしれません。

弊社でＣＦＯポリシーを策定した際は、ＣＥＯの承認を得た後、執行役会や取締役会で説明しました。社外取締役への個別説明も行っています。さらに世界中の関係者、具体的には子会社のＣＦＯ等へも詳しく繰り返し説明して浸透してきました。

筆者：社内で抵抗等はなかったのですか。

柳氏：製薬業界なので、資本コストを基にハードル・レートを設定するという手法は従前から行われていましたので、比較的理解を得やすかったと思います。しかし、従前はその水準自体はかなりザックリと定められていましたし、拠点によってバラバラでした。それを精緻にリスクベースの２００種類のハードルで行おうというのですから、抵抗はありましたね。これまではＣＥＯに直接承認をもらっていたのに、ＣＦＯを通さないといけないのか、といった声もありました。苦労した時期もあったのですが、勉強会等を通じて一つ一つクリアしていきました。私がCFOに就任して2年がたった今日では、この統一された高度な投資採択基準を世界中の関係者が投資案件で使うところまで浸透しています。

筆者：ハードル・レートを含む投資に関する意思決定のフレームワークが所与のものになれば、現場はそこに責任を負う必要がないため、むしろ楽になる面もあるのではないでしょうか。

柳氏：そうですね。そこはCFOの責任ですから、現場は自ら掲げた業績予想を達成できるかどうか、に集中できるはずですから、やりやすくなっていると思います。

筆者：投資採択基準だけでなく、経営管理のシステムについても工夫されているのではないでしょうか（第4章3参照）。

柳氏：全指標を分解して全社的に割り振って管理する、というところまではやっていませんが、それぞれのKPIに関わっている人たちのチームで個別管理しています。例えば、デュポン・システムのターンオーバー（総資本回転率）であれば、売掛金の回収サイトを短縮するチーム、在庫を圧縮するチーム等、事案ごとに関係者を巻き込んでKPIを設定し、対応しています。

従業員の理解も得るため、CEOやCFOがイントラネットでメッセージを発信していますし、組合にも勉強会を通じて説明しています。また、役員だけでなく従業員のボーナスもＲＯＥに連動しています。ここでは、売上でお客様に報い、仕入れで業者に報い、研究開発で将来の患者さんに報い、販売管理費・人件費で従業員に報い、金利で銀行に報い、税金で地域社会に報い、残った分が残余利益で株主の取り分です。株主利益を適正化することは、先取特権を持つ株主以外のステークホルダーとＷｉｎ-Ｗｉｎの関係になれる、という説明をしています。

筆者：本書でも、グループガバナンスを通じて目指す姿等を経営者から現場まで一貫させることが重要と指摘しています（第4章③参照）。

柳氏：子会社を含む、グループ全体で一定の管理会計や財務の規律を通達し、徹底することによって、価値創造を担保するガバナンスが構築されると思います。弊社も半分くらいは海外ですので、ＣＦＯポリシーはグローバル・ポリシーです。常に全世界の子会社のＣＦＯに徹底するようにしています。

モニタリング・ボードへ

筆者：日本企業も欧米型のモニタリング・ボードへの移行を見据える時期に来ていると思います。

柳氏：執行側にCFOポリシーがあり、CEOのコミットメントがあり、価値向上に向けた戦略の企画・実行がある、それを監督するのが取締役会の役割だと思います。監査役会がモニタリングをしている、だから取締役会はアドバイザリー・ボードを目指す、という声もありますが、監督と執行の分離によるモニタリング・ボードが基本形ではないでしょうか。弊社は指名委員会等設置会社で、取締役11名のうち7名が社外、議長も社外ですので、モニタリング・ボードの側面が強くなっています。モニタリングのための質問・議論の中で社外取締役からアドバイスをいただくことはありますが、コンサルタントのように議論の最初から本業のコアの部分に関してアドバイスする、例えば「この薬を開発すべきだ」といったような発言をすることはありません。あくまで株主価値を担保するモニタリングの中で「こうした方がより良いのではないか」という助言をいただく傾向です。

アドバイスを受けるのはアドバイザーやコンサルタントからで良い、と考えています。実際、取締役会とは別にエーザイ・サイエンティフィック・アドバイザリー・ボードを設けて、世界的に高名な科学者から研究開発のアドバイスをもらっています。

筆者：日本では「攻めのガバナンス」ということで、社外取締役が経営者の背中を押すようなイメージで語られる傾向があります。

柳氏：今は過渡期なのだろうと思います。モニタリングについては監査役会とのオーバーラップの中で交通整理が不十分、一方でROEが低く「攻めのガバナンス」が必要、というのが現状ですから。経営者がアニマル・スピリッツを発揮してさまざまな投資案件を上げてきて、取締役会がそれを価値創造の担保やリスク管理の見地から牽制する、というのが本来の姿で、どんどん投資しなさい、と言って経営者の背中を押すだけの取締役会なら危険だと思います。

筆者：日本では、「額に汗して働く」のが美徳なので、モニタリングというと、経営者や従業員が額に汗して働いているのを見ているだけ、と捉えられがちのように思います。実際、モニタリングはそんなに簡単なものではないと思うのですが。

柳氏：その通りです。例えば投資案件について、法律・会計・税務面で問題ないか確認・質問してもらう、これは社外監査役でもやるでしょう。さらに、社外取締役には、それが株主価値を高めるものなのか、すなわちNPV（正味現在価値）はプラスになることを証明して欲しい、その前提となるハードル・レートはどのように算出したのか、その根拠は何か、といった議論をすることが求められます。実際、弊社でも取締役会でそのような議論が行われたことがあります。

筆者：モニタリング・ボードでは、取締役会の独立性も重要な要件です。

柳氏：弊社では取締役会の独立性を担保するため、株主と独立社外取締役のミーティングを進めています。その中で、株主から「なぜエーザイの社外取締役になったのか」と聞かれることもあるのですが、「突然、使者が来て社外取締役になるよう要請された。調べてみたら面白そうな会社と思った」といった回答をしているようです。CEOとも「初めまして」と言って名刺交換をしたのだそうです。指名委員会が社外取締役を選ぶプロセスになっており執行側は関与しないため、本当に「初めまして」と言う方が来られます。そのような独立性をもってモニタリングする、それが本当のコーポレートガバナンスだと思います。

従前の日本企業の文化を踏まえると、ある程度のハレーションが起きるケースもあるかもしれませんが、グローバル・スタンダードの方向に進まざるを得ないと思います。

筆者：日本企業は文化的に発想が社内に偏りがちであり、それが強みであり弱みでもあると思います。独立した社外取締役が外部の視点を持ち込んでくれれば、弱みの部分が抑えられることも期待されます。特に、経営者にプロフェッショナルの意識が求められる（第2章6参照）ようになることの効果は大きいのではないでしょうか。

柳氏：経営者が社内の論理で内部者に命令すれば言うことを聞いてくれるのと、独立した取締役会にモニタリングされるのとでは、緊張感が違います。弊社では、毎月の取締役会がまるで株主総会のようです。これが社内の論理ではなく、社外、すなわち全てのステークホルダーに説明責任を果たせるような論理を磨くことにつながり、本当のプロフェッショナルとしての意識につながっています。

筆者：世の中では、経営会議の延長に取締役会を位置付ける傾向がありますが、これは従前からのマネジメント・ボードの発想だと思います。株主総会は1年に1回しか開催されませんが、本来はもっと頻繁に開催して株主への説明責任を果たすべきなのでしょう。とは言え、現実には株主総会にはコストがかかるため、頻繁に開催するのは非現実的です。そこで、株主の代理である社外取締役に説明責任を果たすための場、いわばミニ株主総会としての取締役会がモニタリング・ボードであると解釈するべきなのでしょうね。

従業員にもプロフェッショナルの意識が求められる

筆者：経営者がプロフェッショナルの意識を持つようになると、従業員にも同様の意識が要求され、働き方も変わる、と言う面もあると思います。

柳氏：そうですね。末端までその意識が浸透するところまでは行っていないかもしれませんが、弊社も変わり始めています。従前であれば内輪の論理で済ませてしまう案件も、「本当に取締役会で説明できるか」といった視点から見直してみる、といった動きが部課長クラスでも見られます。プロフェッショナルとしての意識が高まれば、女性・外国人・中途採用者が活躍する場も広がり、ダイバーシティも進むと思います。

筆者：人材を評価することが重要だと思います。個々の人材をプロフェッショナルとして評価していけば、女性であっても外国人であっても、自然と活躍する場が広がっていくと思います。個々の従業員のミッションを明らかにすることなく、空気を読んで仕事をするのが能力だという状態では、本当のダイバーシティにはつながらないと思います。

柳氏：そのような発想なく、女性管理職○○人といった数値目標だけを課しても数合わせにしかならないでしょうし、本質的な取り組みを妨げることも懸念されます。

筆者：企業と取締役会を株式市場が評価し、取締役会が経営者を評価し、経営者が従業員を評価する、こんな流れになりますが、日本では、この「評価する」というスキルが過小評価されているのではないでしょうか。現場で額に汗して働くことばかりが美徳とされる、すなわち現場主義一辺倒に陥っているように思われます。

柳氏：日本企業全体で、サラリーマンからプロフェッショナルへという動きが広がれば、人材の市場価値が高まり、人材の流動性も高まると思います。これも新陳代謝が進む条件の1つだと思います。プロフェッショナルの経営者も増えるでしょう。経済全体の循環が良くなり、稼ぐ力にもつながると思います。

筆者：個々の経営者や従業員がプロフェッショナルとしての価値を高め、個々の企業がROE経営により価値を高めることで、日本経済全体が強くなれる、ということですね。本日はありがとうございました。

第6章

（補論）コーポレートガバナンスによるデフレからの脱却

本書は読者として経営者を想定しているため、本編ではデフレを含むマクロ経済に関連する内容については言及を避けている。しかし、日本企業が稼ぐ力を取り戻すうえで、デフレ脱却は避けて通ることのできないテーマだ。ここでは、補論としてコーポレートガバナンスとデフレからの脱却について解説する。通説と異なる内容も含まれるが、参考になれば幸いである。

異次元の金融緩和も本格的なデフレ脱却には至らず

アベノミクスの三本の矢の中で、デフレ脱却のために最も直接的な効果が期待されるのが第一の矢である金融政策だ。２０１３年４月には日本銀行による量的・質的金融緩和がスタートしている。消費者物価指数上昇率２％という物価安定の目標を掲げたこの政策は「異次元の金融緩和」とも呼ばれ、大胆な金融緩和によって人々が予想する物価の上昇率（予想物価上昇率）を高めることに主眼を置いたものだ。これを受け、同月には前年比マイナス０・６％だった消費者物価指数（総合除く生鮮食品・エネルギー、消費税調整済〈日本銀行の試算値〉）は同年８月にプラスに転じた後、直近（16年11月）に至るまでプラスを続けている。すでに「物価が持続的に下落する」という意味でのデフレからの脱却には成功している状態だ。

一方で、同物価指数の上昇率及び予想物価上昇率は日本銀行が目標とする2％に達する前に足踏み状態となり、16年に入るといずれも縮小に転じている。日本銀行自身も同年9月の「総括的な検証」において2％の「物価安定の目標」が実現されていないことを認めており、本格的な脱却は未だ果たせていないのが現状だ。日本銀行はその要因として、原油価格の下落、消費税引き上げの影響、新興国経済の減速とその影響を受けた世界的な金融市場の不安定化といった外的要因を列挙したうえで、金融緩和強化のための新しい枠組みとして「長短金利操作付き量的・質的金融緩和」を打ち出している。金融緩和による予想物価上昇率の押し上げ効果に期待する方針を堅持するのが日本銀行のスタンスのようだ。

デフレ脱却のカギはコーポレートガバナンスが握る

経済理論の通説に則れば、金融緩和は予想物価の上昇を通じて実際の物価上昇、すなわちデフレからの脱却につながるはずだが、これが実現しないのはなぜか。ここでは①現状のデフレが予想物価（上昇率、以下同様）の低迷だけでは説明がつかないこと、②新陳代謝の遅れを背景とした過当競争がデフレの要因になること、を指摘したい。

まず①からだ。物価の下落、すなわちデフレが日本国内で販売されるものにとどまるのであれば、日本における予想物価の低迷がデフレの主因という通説には説得力がある。し

図表6–1　輸出物価と為替レート

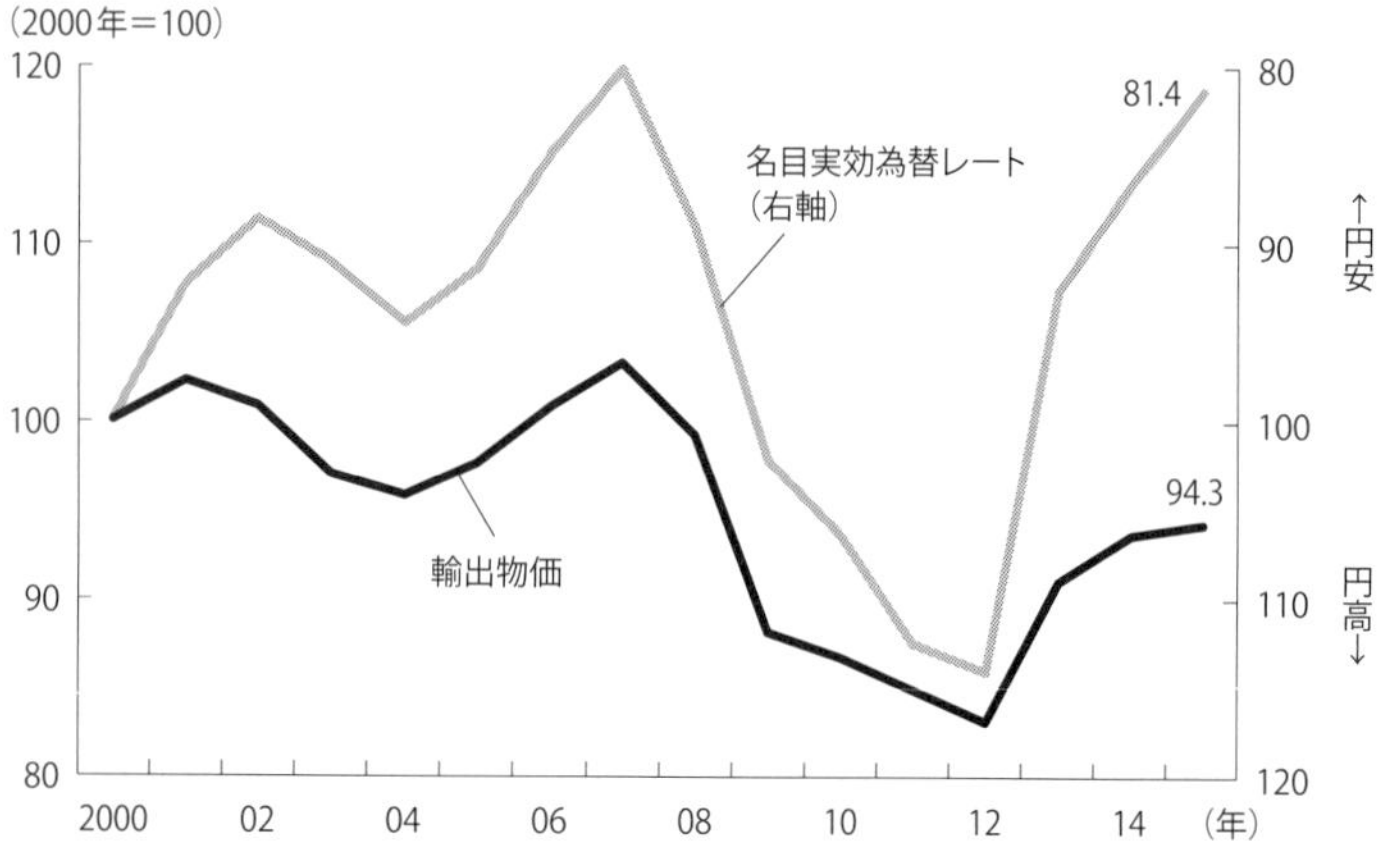

(注) 輸出物価はデフレータ
(出典) 経済協力開発機構 (OECD) 及び国際決済銀行 (BIS) よりEY総合研究所作成

かし、日本で作ったものを海外に売る際の価格、すなわち輸出物価が下落傾向にあるとすると、話は違ってくる。

実際の数値を見てみよう。図表6－1は輸出物価（デフレータ）の推移を為替レートとともに示したものだ。為替レートには名目実効為替レート（米ドルを含むさまざまな通貨に対する為替レートの加重平均）を用いており、円高になると数値が大きくなり（同図表では下落し）、円安になると小さくなる（同上昇する）。同図表を見ると、為替が円安に振れると輸出物価が上昇し、円高に振れると下落するのが分かる。問題は為替変動の影響を受けて短期的な上下動を繰り返す中で、輸出物価が徐々に為替レートから下方に乖離していることだ。直近（2015年）では、00年に比べて為替レートは18・6％の円安になっているにもかかわらず、輸出物価は5・7％も下落している。

諸外国と比べてみよう。図表6‐2に示す通り、独仏では6・9％〜8・5％の通貨高にもかかわらず、輸出物価は7・0％〜7・8％上昇、米英では1・7％〜9・2％の通貨安だが、輸出物価の上昇率はそれを大きく上回る20％以上となっている。日本とは全く異なる傾向と言えよう。比較対象が欧米だけでは心もとないので、図表6‐2は韓国の数値も示している。自国通貨安の中で輸出物価が下落している点では日本と同様だが、下落幅は0・6％と日本を大きく下回っている。自国通貨の下落率は5・4％と輸出物価を押し上げる効果は日本よりも小さいにもかかわらず、だ。日本における輸出物価の下落が際立っていると言えよう。上述の通り、このような輸出物価の下落、すなわちデフレは国内における予想物価の低迷では説明がつかない。

では、予想物価の低迷以外にデフレを引き起こす要因となっているのは何か。ここで指摘されるのが、②新陳代謝の遅れを背景とする過当競争だ。図表序‐1で示した通り、過当競争下ではたとえ高付加価値品であったとしても適正に評価されず、価格は抑えられがちとなるから、デフレの要因となっても不自然ではない。しかも、上述の通り予想物価の低迷では輸出物価の下落は説明できないが、過当競争であれば輸出物価も国内の物価と同様に説明できる。序章でも述べたが、金融緩和はメインバンクの影響力の減退を通じてデッ

図表6-2　輸出物価（上図）と為替レート（下図）：2015/2000

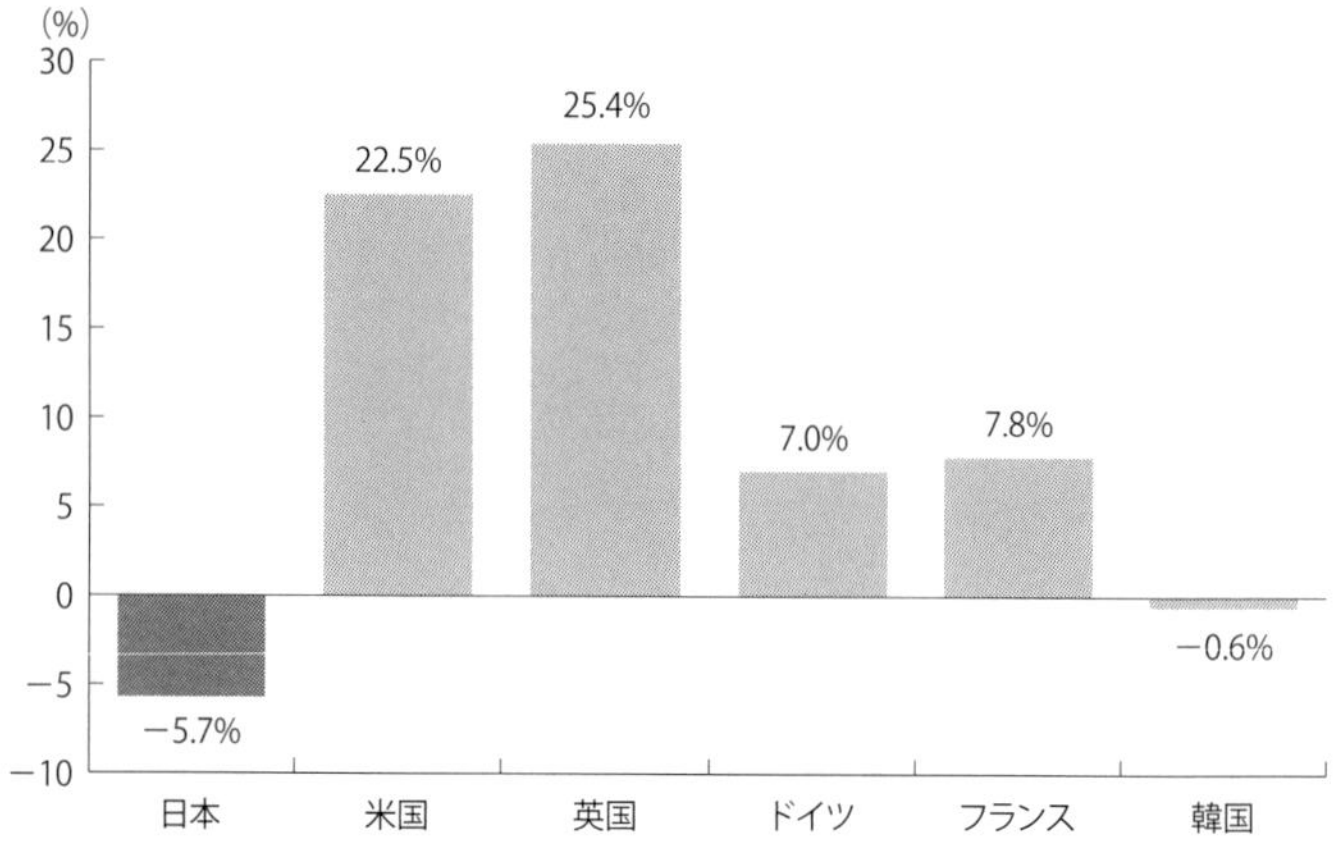

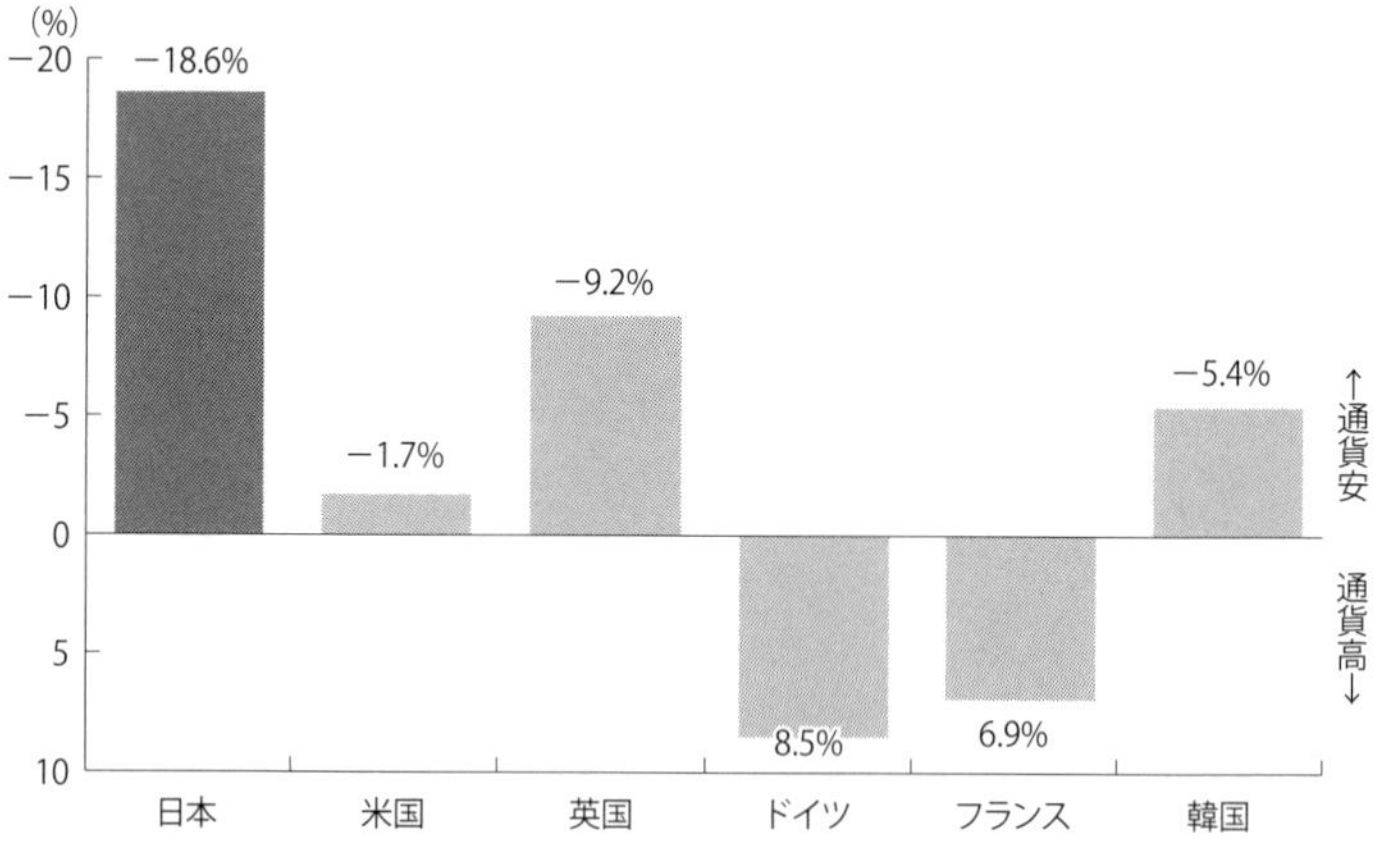

（注）輸出物価はデフレータ、為替レートは名目実効為替レート
（出典）経済協力開発機構（OECD）及び国際決済銀行（BIS）よりEY総合研究所作成

トガバナンスの低下を招き、新陳代謝の遅れを長期化させる。新陳代謝の遅れによる過当競争がデフレを招き、デフレ脱却を目指す金融緩和が新陳代謝の遅れを長期化させる、まさに悪循環だ。株主によるガバナンス、すなわちコーポレートガバナンスにより新陳代謝の促進を急ぐことが、デフレからの脱却においても重要な役割を果たすことが期待されることが分かるだろう。

経済理論の通説の前提条件が満たされていない

このように、金融緩和とコーポレートガバナンス改革は補完関係にあり、ポリシー・ミックス（政策の組み合わせ）として合理的と考えられるが、金融政策を巡る議論の中でコーポレートガバナンスが語られることは少ない。その原因について考えてみよう。金融政策は経済理論の通説に基づいて議論されるが、ここでは経済合理性に基づく自由な参入と退出が行われ、価格による需給調整が（少なくとも一定程度は）機能することが基礎的な前提条件になっている。

しかし、新陳代謝の遅れる日本では、この前提条件が満たされていないように思えてならない。新陳代謝が遅れているということは、経済合理的に考えれば撤退（退出）するべき企業が競争の中で供給を続けることに他ならない。この状態で供給が需要を上回っているとしよう。価格が下落し、供給者（企業）の利益率を圧迫するが、競争力の低い企業が撤退（退出）しないために供給超過の状態が続き、更なる価格下落圧力がかかる。価格による需給調整が機能していないのは明らかだ。経済理論の通説ではデットガバナンスあるいはコーポレートガバナンスが機能することで経済合理的な判断を促し、新陳代謝が進むことが暗黙の前提となっているが、これが機能していないのが現状だ。経済理論の通説の基礎的な前提が満たされない以上、これに則った金融政策が十分な効果を発揮するのは難しい。経済理論の通説の前提条件を満たし、金融政策が効果を発揮する環境を整えるためにも、コーポレートガバナンスの強化を通じて新陳代謝を進めることが急務と言える。異次元の金融緩和が行われている以上、コーポレートガバナンスの強化も異次元のペースで進める必要があることも付言しておこう。

新陳代謝は本当に遅れているのか?

本書では、「日本再興戦略　２０１３」に基づき、新陳代謝が遅れていることを前提に論じてきたが、実際はどうなのだろうか。順序は逆になるが、実際の数値を以って日本において新陳代謝が遅れていることを示して、本書の締めくくりとしたい。

新陳代謝とは古い企業が優勝劣敗の競争を繰り広げる中で敗者は脱落していく、一方で

図表6‒3　新興企業（86年以降に設立）の割合

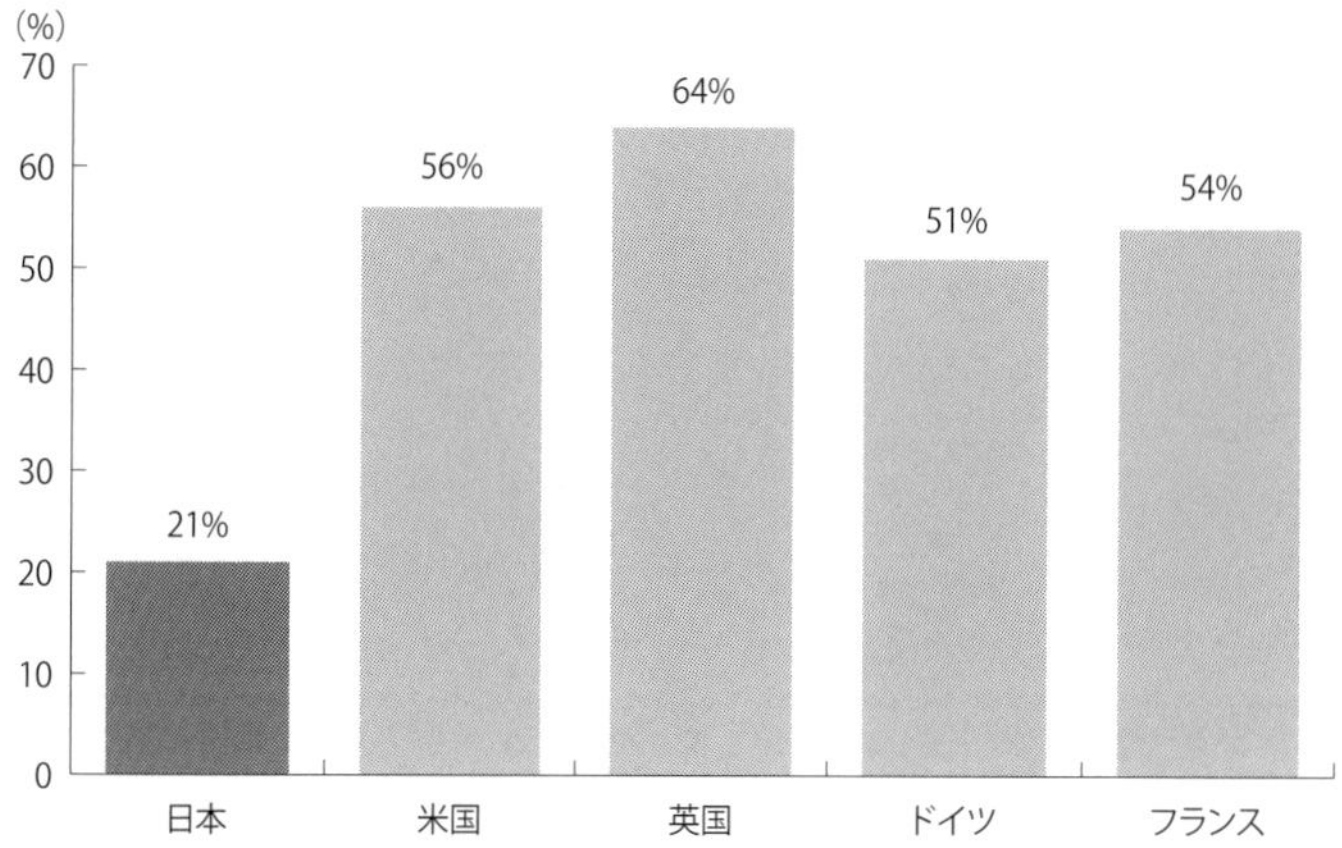

（出典）QUICK/FACTSETよりEY総合研究所作成
（対象）各国の主要取引所の上場企業（金融を除く、2016年9月末時点）

新しい企業が次々と誕生して優勝劣敗の競争をさらに激化させる、といった状態であり、ここでは競争を勝ち抜いた規模の大きい老舗企業と成長途上にある新興企業がメイン・プレーヤーとなっているはずだ。単純化のため、1985年以前に設立された企業を老舗企業、86年以降に設立された企業を新興企業と呼ぶことにする。85年を境とするのは、80年代半ばには日本は欧米に対するキャッチアップをほぼ終えたと考えられるためだ。欧米に対するキャッチアップの過程で設立されたのが老舗企業、欧米と肩を並べた以降に設立されたのが新興企業、という解釈もできよう。

日本と米国及び欧州の主要3カ国の上場企業について、新興企業の占める割合を示したのが図表6―3だ。日本では新興企業の割合は21％に過ぎず、残る79％は老舗企業が占める。人口だけでな

図表6-4　平均売上

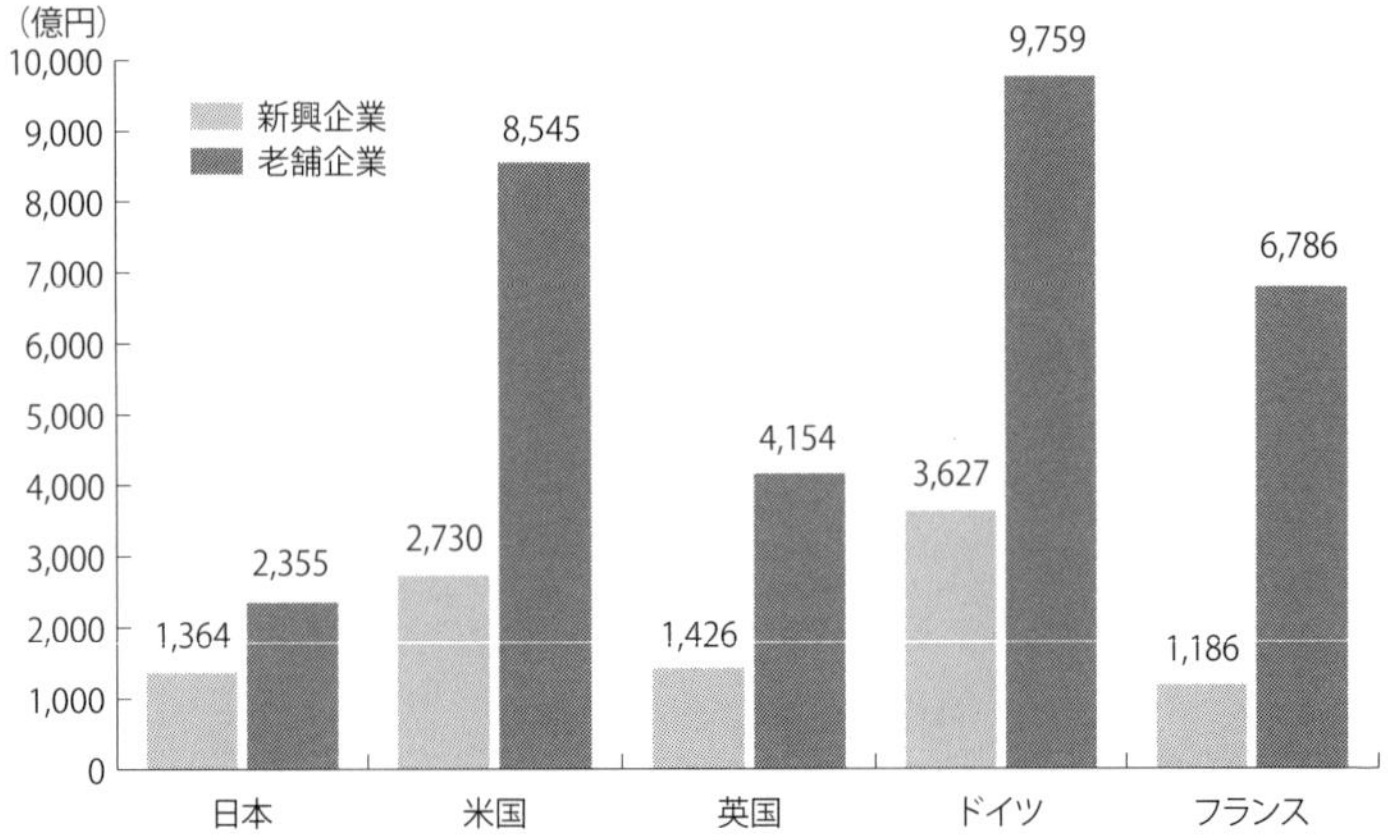

（出典）QUICK/FACTSETよりEY総合研究所作成
（対象）各国の主要取引所の上場企業（金融を除く、2016年9月末時点）

く、企業も高齢化しているのが現状だ。一方、米国及び欧州ともに新興企業の割合が過半数を占めており、企業の若返りが進んでいることが分かる。

次に各国企業の規模（売上）を比べたのが図表6－4だ。日本の老舗企業の規模は2355億円と、欧米の老舗企業の約2～6割にとどまっている。また、自国の老舗企業を新興企業と比べた場合の規模の格差は1・7倍（＝2355億円÷1364億円）に過ぎず、欧米企業の2・7倍～5・7倍に比べるとはるかに小さい。単に規模が小さいだけであれば、日本では欧米であれば上場しないような小さな企業が上場していることが珍しくない、ということで説明できなくもないが、老舗企業と新興企業の格差が小さい点はそれでは説明できない。新陳代謝の遅れによるものと解するより他ないだろう。

規模を企業単位ではなく事業単位で比較する場合には、欧米企業との差がさらに広がる可能性も指摘される。日本企業は複数の事業を営むケースが多いため、企業としての規模は大きくても個別の事業単位で見るとそれほど大きな規模でないケースは珍しくない。一方、欧米では自社が強みを有する事業に集中する傾向が強い。シナジーの乏しい複数の事業に手を広げても生き残るのは難しい上、コングロマリットとみなされてアクティビストのターゲットになるケースも珍しくないためだ。すなわち、欧米では企業全体の規模が大きければ、個別の事業単位で見ても規模が大きいと考えられる。そのため、企業ではなく事業に注目する場合、日本企業と欧米企業の規模の格差は図表6－4が示す格差よりも大きい可能性が高い。

欧米の老舗企業は長い時間の中で優勝劣敗の競争を続け、勝者が敗者を飲み込む形で企業・事業の規模を拡大してきた。加えて、次々と誕生する新興企業も競争に拍車をかけており、まさに新陳代謝の進んだ状態だ。「ドイツでは競争力のない中小企業は『ゾンビ企業』と呼ばれ、国民の中にゾンビ企業を永らえさせようという発想自体がないため、銀行はとても冷たく、淘汰されていく[30]」との指摘も聞かれるが、これは中小企業に限った話ではな

(30) 岩本晃一（2016）「インダストリー4・0を推進するドイツの国内事情及び国家目標」（独立行政法人経済産業研究所）より。

いだろう。逆に、日本は古くて小さい企業が多く、新陳代謝の遅れた状態にあると言わざるを得ない。

おわりに

英国のＥＵ離脱をめぐる国民投票や米国における大統領選挙等、２０１６年は世界的な（日本も例外ではない）ポピュリズム（大衆迎合主義）の台頭を懸念せざるを得ない1年となった。背景にあるのは格差の拡大、さらには19世紀以降の世界経済を牽引してきた資本主義に対する疑念であろう。巨額の資金が短期的な利益を追い求め、企業価値とは無関係のロジックで資本市場を飛び交う、マネー・ゲームの様相が強まっている感は否めない。富める者がマネー・ゲームを通じてますます富み、格差が拡大しているとすれば、資本主義に対する疑念も理解できないではない。

しかし、資本主義を否定した場合、どのような代替策があるのだろうか。資本主義の下では資本市場が資金の配分を担うが、それが望ましくないとしたら、何が（誰が）その役割を担えばよいのか。高度経済成長期には実質的に政治家や官僚が多くの役割を担った（代表例が財政投融資）が、今日においてそれが適切とは考えにくい。代替策が見当たらない以上、資本主義を否定するだけの議論では、資本主義を仮想敵として攻撃することで大衆の支持を集めたいポピュリストを利するだけで何の解決にもならない。

今日の資本主義がマネー・ゲームの様相を強めている背景に、長期にわたる金融緩和があることを見逃してはならない。特に日本ではバブル崩壊以降、20年以上にわたって金融緩和が続いている。背景にデフレの深刻化による日本企業の稼ぐ力の低下があることは、改めて指摘するまでもないだろう。金融緩和の長期化は日本だけではない。同じ期間、欧米でも金利は低下傾向が続いており、特に２００８年の金融危機以降は欧米でもデフレ懸念の台頭を受けて金融緩和が加速している。15年12月以降は米国が利上げに踏み切っているが、それでも政策金利は歴史的な低水準だ。金融緩和を通じて供給された巨額の資金が世界中の資本市場を駆け巡り、マネー・ゲームの様相を強めているとすれば、問題の根源は資本主義ではなく緩和一辺倒とも言える金融政策にあることになる。

そんな中、日本では異次元の金融緩和が長期化の様相を呈しており、出口が見えない状態に陥っている。デフレ脱却を目指して2％というインフレ・ターゲットを設定している以上、日本銀行としてはそれを達成するまではあらゆる手段を講じて金融緩和を続けざるを得ないだろう。しかし、金融緩和によるデフレ脱却という日本銀行のシナリオを妨げているのは、過当競争を背景とした安売り合戦だ。これによって物価上昇が抑制されるため、金融緩和の効果は大きく減殺されている。資本市場が健全に機能すれば過当競争が長期にわたって続くことはないはずだが、上述の金融緩和に加えて株式持ち合いに代表される日本特有の事情がその機能を妨げているのが現状だ。

このように、稼ぐ力の低下や金融緩和だけでなく、マネー・ゲームや格差、ポピュリズムに至るまで、デフレを出発点とする一本の論理によって、さらに日本におけるデフレの長期化は過当競争というボトルネックによって説明できる。そこで登場するのが、一連のコーポレートガバナンス改革だ。コーポレートガバナンスの強化により、経営者に対して過当競争から脱却するよう促すことで、金融緩和の効果を高めてデフレ脱却を後押しするとともに、資本市場の機能を回復する効果が期待されている。デフレ脱却を政策当局任せにするのではなく、個々の企業がコーポレートガバナンスを活用して稼ぐ力を取り戻すことで、デフレからの脱却を果たすことを目指すことが求められているのである。

本書はタイトルに示す通り、経営者を対象にコーポレートガバナンスについて論じるものだが、背景にあるのはこのような大きな問題意識だ。日本企業に加えて欧米企業の現状、ROE経営を中心とするコーポレートファイナンス、さらにはグループガバナンスや従業員の意識に至る幅広い内容について、理論のみならず実際の数値を使った実証の両面から議論を行い、さらに補論ではデフレとの関係についても論じている。通説と異なる部分もあるため、各分野の専門家から見れば「広いが浅い」内容と映るかもしれないが、「深いが狭い」アプローチでは見出し難い示唆を導出できていると自負している。先行き不透明にして閉塞感の漂う現状に一石を投じることができれば幸いである。

本書の作成にあたって、ＥＹ総合研究所の皆様には大変お世話になりました。特に柴内哲雄取締役所長、田村智新プロジェクト開発推進室長、藤島裕三主席研究員には執筆の過程で貴重なご意見をいただきました。エーザイ株式会社柳良平常務執行役ＣＦＯには当方の勝手なお願いをご快諾いただき、非常に実りのある対談を通じて多くの気付きを得ることができました。また、東洋経済新報社の清末真司さんには、不慣れな書籍原稿の執筆に戸惑う中、多くのご指導をいただきました。この場を借りて、御礼申し上げます。

深澤寛晴

【参考文献】

秋葉賢一（２０１４）『会計基準の読み方Ｑ＆Ａ１００』（中央経済社）

荒木宏香（２０１６）「リキャップＣＢ急増の裏側 ＲＯＥブームで企業が食い物に」『週刊エコノミスト』２０１６年８月30日特大号

池尾和人（２０１３）『連続講義・デフレと経済政策』（日経ＢＰ社）

岩本晃一（２０１６）「インダストリー４・０を推進するドイツの国内事情及び国家目標」独立行政法人経済産業研究所 RIETI Discussion Paper Series 16-P-009

EY Japan(新日本有限責任監査法人・ＥＹ弁護士法人・ＥＹ総合研究所）編（２０１５）『Ｑ＆Ａ コーポレートガバナンス・コードとスチュワードシップ・コード』（第一法規）

梅崎修（２０１６）「日本企業の『成果主義』人事制度――１９８０年代後半以降の『制度変化』史」独立行政法人経済産業研究所 RIETI Discussion Paper Series 16-J-024

エズラ・Ｆ・ヴォーゲル著、広中和歌子・木本彰子訳（１９７９）『ジャパン アズ ナンバーワン アメリカへの教訓』（ＴＢＳブリタニカ）

大内伸哉・川口大司（２０１４）『法と経済で読みとく雇用の世界――これからの雇用政策を考える（新版）』（有斐閣）

大藪毅（２００９）『長期雇用制組織の研究 日本的人材マネジメントの構造』（中央経済社）

小川高志（２０１５）「第４次産業革命のリスクと機会――グローバル市場からグローバル組織へ」新日本有限責任監査法人『情報センサー』２０１５年８月・９月合併号

翁邦雄（２０１３）『金融政策のフロンティア 国際的潮流と非伝統的政策』（日本評論社）

河北博光・山崎直実（２０１５）『株主に響く コーポレートガバナンス・コードの実務』（同文舘出版）

企業会計基準委員会（２００６）「討議資料 財務会計の概念フレームワーク」

菊池正俊（２０１６）『良い株主 悪い株主』（日本経済新聞出版社）
草場洋方（２０１２）「企業価値の拡大均衡に向けた経営管理の考え方――急進的ＥＶＡ経営から漸進的ＭＶＡ経営へ」Mizuho Industry Focus, Vol.106
経済同友会（２０１６）「資本効率最適化による豊かな社会への第1次提言『収益力を強化する事業組換えの実践』」
産業構造審議会 新産業構造部会（２０１６）「新産業構造ビジョン 中間整理」
鈴木将之（２０１６）「金融緩和の局面変化」（ＥＹ総合研究所）
高橋俊夫編著（２００６）『コーポレート・ガバナンスの国際比較――米、英、独、仏、日の企業と経営』（中央経済社）
冨山和彦・落合誠一監修、日本取締役協会編（２０１０）『独立取締役ハンドブック』（中央経済社）
内閣府（２０１２）「平成24年度 年次経済財政報告――日本経済の復興から発展的創造へ――」
日本銀行（２０１６）「『量的・質的金融緩和』導入以降の経済・物価動向と政策効果についての総括的な検証【背景説明】」
日本経済再生本部（２０１３）「日本再興戦略――JAPAN is BACK――」
日本経済再生本部（２０１４）「日本再興戦略 改訂２０１４――未来への挑戦――」
日本経済再生本部（２０１５）「日本再興戦略 改訂２０１５――未来への投資・生産性革命――」
日本経済再生本部（２０１６）「日本再興戦略 ２０１６――第４次産業革命に向けて――」
日本証券アナリスト協会編、榊原茂樹・青山護・浅野幸弘著（１９９８）『証券投資論（第3版）』（日本経済新聞社）
野口悠紀雄（２０１０）『１９４０年体制――さらば戦時経済（増補版）』（東洋経済新報社）
野口悠紀雄（２０１５）『戦後経済史』（東洋経済新報社）
芳賀沼千里・渡辺篤（２０１６）「人を遺すは上なり：社長交代における指名委員会への期待」（三菱ＵＦＪモルガン・スタンレー証券）
深澤寛晴（２０１５）「日本企業のＲＯＥ再考――ＥＹ総合研究所による新たな分析手法の提案」（ＥＹ総合研究所）
深澤寛晴（２０１５）「『2つのコード』が迫る中長期的なＲＯＥ向上」（ＥＹ総合研究所）

深澤寛晴（２０１５）「取締役会が担うべき監督機能とは？——欧米企業のベスト・プラクティスを踏まえて」（ＥＹ総合研究所）
深澤寛晴（２０１６）「日本企業のＲＯＥの現状とコーポレートガバナンス」（ＥＹ総合研究所）
深澤寛晴（２０１６）「誰のためのＲＯＥか」新日本有限責任監査法人『情報センサー』２０１６年６月号
深澤寛晴（２０１６）「資本市場　環境変化とポスト２０２０に向けて」ＥＹ総研インサイト、Vol.6 June 2016
藤島裕三（２０１６）「インセンティブとしての役員報酬：その制度設計および運用の状況」（ＥＹ総合研究所）
藤島裕三（２０１６）「（速報）ＩＳＳが２０１６年版議決権行使助言方針（ポリシー）の改定案を発表」（ＥＹ総合研究所）
藤島裕三（２０１６）「サクセッションプラン（後継者計画）に関する一考察」ＥＹ総研インサイト、Vol.6 June 2016
藤島裕三（２０１６）「取締役会評価の『前提と実践』に関する実務面の検討」（ＥＹ総合研究所）
藤島裕三・西川友恵（２０１５）「企業価値を創出するグループガバナンス——『攻めのガバナンス』を実現する設計と手法——」ＥＹ総研インサイト、Vol.4 August 2015
星岳雄（２００６）「ゾンビの経済学」岩本康志ほか編『現代経済学の潮流　２００６』第２章（東洋経済新報社）
松丘啓司（２０１６）『人事評価はもういらない——成果主義人事の限界』（ファーストプレス）
松田千恵子（２０１５）『これならわかる コーポレートガバナンスの教科書』（日経ＢＰ社）
マーティン・ジェンクス著、松下幸子訳（２０１４）『中国が世界をリードするとき——西洋世界の終焉と新たなグローバル秩序の始まり』（ＮＴＴ出版）
みずほ銀行（２０１５）「欧州の競争力の源泉を探る——今、課題と向き合う欧州から学ぶべきことは何か——」みずほ産業調査、2015 Vol.50, No.2
三品和広（２０１０）『戦略暴走』（東洋経済新報社）
三品和広（２０１１）『どうする？ 日本企業』（東洋経済新報社）
八代尚弘（２０１５）『日本的雇用慣行を打ち破れ——働き方改革の進め方』（日本経済新聞出版社）
柳川範之（２０１３）『日本成長戦略——40歳定年制』（さくら舎）

柳良平（２０１５）『ＲＯＥ革命の財務戦略――外国人投資家が日本企業を強くする』（中央経済社）
吉野耕作（１９９７）『文化ナショナリズムの社会学』（名古屋大学出版会）
ラグラム・ラジャン、ルイジ・ジンガレス著、堀内昭義・アヴレウ聖子・有岡律子・関村正悟訳（２００６）『セイヴィング キャピタリズム』（慶應義塾大学出版会）
ラム・チャラン、デニス・ケアリー、マイケル・ユシーム著、川添節子訳（２０１４）『取締役会の仕事』（日経ＢＰ社）
若杉敬明監修、大和総研経営戦略研究所編（２００８）『コーポレートガバナンス・マニュアル――21世紀 日本企業の条件（第2版）』（中央経済社）
Bayer（2016）“Bayer Annual Report 2015”
Belcredi, Massimo and Ferrarini, Guido（2013）“The European Corporate Governance Framework: Issues and Perspectives,” ECGI Working Paper Series in Law
Cheffins, Brian R.（2012）“The History of Corporate Governance,” ECGI Working Paper Series in Law
Davies, Paul L. and Hopt, Klaus J.（2013）“Boards in Europe—Accountability and Convergence,” ECGI Working Paper Series in Law
GlaxoSmithKline plc（2016）“Annual Report 2015”
Institutional Shareholder Services（2015）「２０１５年版 日本向け議決権行使助言基準」
Pfizer Inc.（2016）“Proxy Statement for 2016 Annual Meeting of Shareholders”
Ringe, Wolf-Georg（2014）“Changing Law and Ownership Patterns in Germany: Corporate Governance and the Erosion of Deutschland AG” http://ssrn.com/abstract=2457431
Sanofi（2016）“Form 20-F 2015”

【著者紹介】

深澤寛晴（ふかさわ　ひろはる）

EY総合研究所　未来経営研究部　上席主任研究員。

CFA協会認定証券アナリスト、米国公認会計士（デラウェア州）。

1994年、一橋大学経済学部卒業後、株式会社大和総研入社。エコノミスト、通商産業省（現経済産業省）出向などを経て、2001年よりジャーディンフレミング投信投資顧問（現JPモルガン・アセット・マネジメント株式会社）にて年金営業支援業務。2004年より大和総研にて企業財務戦略部フィナンシャル・アナリストなどを歴任。2014年9月EY総研入社。コーポレートガバナンス等、資本市場対応全般を専門分野とする。

EY総合研究所株式会社について
EY総合研究所株式会社は、EYグローバル・ネットワークを通じ、さまざまな業界で実務経験を積んだプロフェッショナルが、多様な視点から先進的なナレッジの発信と経済・産業・ビジネス・パブリックに関する調査及び提言をしています。常に変化する社会・ビジネス環境に応じ、時代の要請するテーマを取り上げ、イノベーションを促す社会の実現に貢献します。詳しくは、eyi.eyjapan.jpをご覧ください。

EYについて
EYは、アシュアランス、税務、トランザクション及びアドバイザリーなどの分野における世界的なリーダーです。私たちの深い洞察と高品質なサービスは、世界中の資本市場や経済活動に信頼をもたらします。私たちはさまざまなステークホルダーの期待に応えるチームを率いるリーダーを生み出していきます。そうすることで、構成員、クライアント、そして地域社会のために、より良い社会の構築に貢献します。
EYとは、アーンスト・アンド・ヤング・グローバル・リミテッドのグローバルネットワークであり、単体、もしくは複数のメンバーファームを指し、各メンバーファームは法的に独立した組織です。アーンスト・アンド・ヤング・グローバル・リミテッドは、英国の保証有限責任会社であり、顧客サービスは提供していません。詳しくは、ey.comをご覧ください。

経営者のための実践コーポレートガバナンス入門

2017年5月4日発行

著　者――深澤寛晴
発行者――山縣裕一郎
発行所――東洋経済新報社
〒103-8345　東京都中央区日本橋本石町1-2-1
電話=東洋経済コールセンター　03(5605)7021
http://toyokeizai.net/

印刷・製本……藤原印刷

ISBN 978-4-492-96131-5